KB167626

글 쓰는 뇌

글 쓰는 뇌

뇌를 알면 글쓰기가 쉬워진다

초판 1쇄 발행 | 2020년 11월 21일

지은이	고학준
펴낸이	안호헌
아트디렉터	박신규

펴낸곳	도서출판 흔들의자	
	출판등록	2011. 10. 14(제311-2011-52호)
	주소	서울 강서구 가로공원로84길 77
	전화	(02)387-2175
	팩스	(02)387-2176
	이메일	rcpbooks@daum.net(원고 투고)
	블로그	http://blog.naver.com/rcpbooks

ISBN 979-11-86787-30-4 13000
ⓒ 고학준 2020. Printed in Korea

* 이 도서의 국립중앙도서관 출판예정도서목록(CIP)은 서지정보유통지원시스템 홈페이지(http://seoji.nl.go.kr)와
  국가자료공동목록시스템(http://www.nl.go.kr/kolisnet)에서 이용하실 수 있습니다. (CIP제어번호 : CIP2020044615)

글 쓰는 뇌

뇌를 알면
글쓰기가 쉬워진다

그 누구도
말해주지 않았던
글쓰기 비밀

고
학
준

흔들의자

그 누구도 말해주지 않았던 글쓰기 비밀

많은 사람이 글을 잘 쓰려면 어떻게 해야 하는 지 묻곤 한다. 그럴 때마다 문장 실력을 갈고닦으라고 말한다. 타고난 재능이 부족하다면 문장 실력을 키우는 길만이 유일한 방법이다. 글쓰기는 그 어떤 일보다 창조적인 활동이다. '창조'라는 말이 붙으면 쉬운 일이 아니구나 하고 생각하면 맞다. 창조적 활동은 주관적이고 개인적인 일이다. 한 사람이 다른 사람에게 창조적인 사고를 물려줄 수 없다. 창조적 사고는 배워서 할 수 있는 일이 아니다. 글쓰기가 쉽지 않은 이유다.

글 쓰는 재능을 타고나지 못했다고 해서 실망하지 않았으면 좋겠다. 재능을 물려받은 사람은 소수고 그 소수가 모두 성공한 것도 아니다. 재능이 뛰어난 소수의 사람만이 글을 써왔다면 광화문에 있는 한 대형서점의 책장을 꽉 채운 책들은 누가 썼단 말인가? 재능이 없어도 얼마든지 글을 쓸 수 있다. 방법은 두 가지다. 하나는 위에서 말한 문장력이고 다른 하나는 지금 여러분이 손에 든 책 안에 들어 있다.

글 쓰는 사람이든 글 읽는 사람이든 없어서는 안 되는 중요한 신체기관이 있다. 바로 뇌다. 작가나 독자 모두 신비로운 뇌를 써서 쓰고 읽는 작업을 수행한다. 글은 손으로 쓰고 눈으로 읽지만, 손과 눈은 전달자에 지나지 않는다. 글이 의미 있는 실체가 되려면 뇌에 도달해야 한다. 어떤 글을 쓰느냐와 어떤 글을 선택하느냐는 오로지 뇌에 달렸다. 뇌를 들여다봐야 하는 이유다.

인류는 뇌의 비밀을 풀려고 오랜 세월 노력했다. 지금까지 알아낸 것만도 엄청나지만 아직 갈 길이 멀다. 뇌의 많은 부분이 아직도 미지의 영역으로 남아 있다. 그리고 글쓰기 역시 아무것도 없는 미지의 영역에서 시작하는 놀라운 작업이다. 뇌와 글쓰기는 떼려야 뗄 수 없는 관계다. 한마디로 뇌를 알아야 좋은 글을 쓸 수 있다는 얘기다.

작가는 좋은 글을 쓰려고 노력한다. 감동을 주는 글을 쓰려고 고민한다. 글 쓰는 사람의 목표는 찬란하게 빛나는 문장으로 가득한 한 권의 멋진 책이다. 그러려면 그에 걸맞은 능력을 갖추어야 한다. 타고난 재능과 문장력만이 필요한 능력은 아니다. 아무리 재능이 뛰어나도, 아무리 문장력이 좋아도 모두 훌륭한 작가가 되는 것이 아님을 우리는 잘 안다. 좋은 작가가 되고자 한다면 먼저 그에 걸맞은 기본자세부터 만들어야 한다. 책상에 앉는 것이 죽기보다 싫은 사람이, 하나의 일에 집중하지 못하는 사람이, 겸손하지 못한 사람이, 게으른 사람이 좋은 작가로 거듭나는 일은 일어나지 않는다. 재능과 문장력은 돼지 목에 진주목걸이처럼 이들에게 아무 쓸모도 없고 어울리지도 않는 장신구일 뿐이다. 좋은 글을 쓰지 못하는 이유를 찾으려면 뇌를 들여다봐야 한다. 뇌를 이해하고 뇌를 이용하면 책상에 바짝 붙어 앉아 좋은 글을 쓸 수 있다. 재능과 문장력은 그다음 문제다. 아니

재능과 문장력이 부족해도 뇌를 알면 얼마든지 좋은 글을 쓸 수 있다.

작가에게 가장 불행한 일은 내 글을 읽어 줄 독자가 없는 상황이다. 글을 쓰는 이유는 독자가 있기 때문이다. 독자를 유혹하지 못하는 작가는 작가로서 생명을 다한 것과 같다. 작가는 독자를 유혹할 줄 알아야 한다. 독자를 유혹하는 일이 쉽다면 베스트셀러 작가가 되려고 아등바등할 필요도 없다. 독자를 유혹하는 일은 쉽지 않다. 독자를 유혹하려면 책 읽는 사람의 뇌가 어떻게 작동하는지 알아야 한다. 독자의 뇌가 어떻게 작동하는지 아는 작가만이 독자의 마음을 뺏을 수 있다. 작가가 글을 잘 쓰는 일은 기본이다. 하지만 기본은 어디까지나 기본일 뿐이다. 다음으로 나아가려면 독자의 신뢰를 얻어야 한다. 신뢰를 얻으려면 공감을 불러일으켜야 한다. 이런 일은 모두 뇌에서 일어난다. 뇌를 들여다봐야 하는 이유다. 작가의 뇌 속 계산기와 독자의 뇌 속 계산기가 맞아떨어질 때 작가가 바라는 일이 일어난다.

글쓰기는 가장 대표적인 정신 활동이다. 뇌는 에너지를 아끼려고 노력한다. 다른 신체기관과 달리 에너지를 저장하지 못하기 때문이다. 창조적 사고가 쉽게 일어나지 않는 이유가 바로 여기에 있다. 뇌의 작동원리를 알면 창조적 발상의 어려움을 당연한 일로 받아들일 수 있다. 뇌가 하기 싫어하는 일을 하려면 그만한 노력이 필요하다. 이를 뛰어넘는 사람만이 원하는 것을 얻는다. 창의성을 기르는 일은 돈 주고 배우는 일이 아니다. 스스로 갈고 닦아야 한다. 창조적 사고는 뇌가 하는 가장 고차원적인 활동이다. 의식과 무의식의 조화가 이뤄낸 결과물이다. 따라서 창조적 사고의 메커니즘을 이해해야 올바른 노력을 기울여 창의성을 계발할 수 있다. 아무리 발버둥쳐도 해결하기 힘든 부분이 바로 창의성이다. 창의성이 부족한 사람은 좋은 글을 쓰기 어렵다. 창의성은 좋은 글을 쓰려면 반드시 있어야 할 능력이므로 부지런히 갈고닦아야 한다.

뇌는 나의 통제를 받지 않는다. 많은 사람이 자신이 뇌를 조종한다고 생각하지만 큰 착각이다. 뇌는 내가 의식하기 전에 모든 일을 끝낸다. 아주 짧은 순간만이 의식의 그물에 걸릴 뿐이다. 대부분의 선택은 우리가 알지 못하는 사이에 이루어진다. 하지만 우리가 느끼지 못했을 뿐이지 뇌 안의 계산기는 빠르게 작동한다. 의식하지 못하는 뇌의 작동방식을 조금이라도 이해해야 좋은 글을 쓰고 독자를 유혹할 수 있다. 뇌가 어떻게 선택하고 결정을 내리는지 아는 일은 작가라면 꼭 알아야 할 중요한 지식이다.

〈글 쓰는 뇌〉는 글 쓰는 일이 왜 어려운지, 어떻게 하면 조금이라도 쉽게 쓸 수 있는지에 관한 이야기다. 재능과 실력이라는 장막 뒤에 숨겨진 기본 중의 기본인 뇌에 관한 이해야말로 좋은 글을 쓰는 지름길이라는 사실을 잊지 말기 바란다. 이 책이 이미 작가라면 멋진 날개가 되어 줄 것이고 작가를 꿈꾸는 사람이라면 좋은 지침서가 되어줄 것이라 믿어 의심치 않는다.

고학준

Contents

1

뇌와 글쓰기

뇌와 글쓰기

뉴런 **좋은 글을 쓰려면 좋은 신경망을 가져야 한다**

글 쓰는 나는 거대한 존재지만, 나를 조종하는 녀석은 고작 1mm 밖에 안 되는 뇌세포다. 이 녀석의 이름은 뉴런이다. 이 조그만 녀석이 나를 조종해 밥을 먹고 회사에 가고 글을 쓰도록 한다. 뉴런은 혼자 움직이지 않는다. 많은 친구와 어울린다. 서로 어깨동무를 하며 끝없는 연결을 이룬다. 어깨동무한 친구가 많으면 많을수록 뇌의 주인은 뛰어난 능력을 발휘한다.

뇌세포라 불리는 뉴런의 수는 얼마나 될까? 무려 1,000억 개다. 2020년 기준으로 전 세계 인구가 77억 정도라고 한다. 77억 인구가 복닥복닥 살아가며 세상을 시끄럽게 한다. 아무 일 없이 지나가는 날은 단 하루도 없다. 만약 세계 인구가 1,000억 명이라면 어떤 일이 벌어질까? 얼마나 복잡하고 많은 일이 일어날까? 발 디딜 틈조차 없을지 모르지만, 지금보다 뛰어난 사람이 많아질 거라는 점은 분명하다.

1,000억 개의 뉴런은 그 자체로 아무런 쓸모가 없다. 뉴런의 능력은 유기적인 연결에서 나온다. 이 연결이야말로 사람을 사람답게 하는 중요한 열쇠다. 개별 뉴런은 이웃 뉴런과 촉수(돌기)로 정보를 주고받는다. 사람처럼 수다를 떠는 게 아니라 짜릿하고 쌉싸래한 전기화학적 신호로 정보를 주고받는다. 이 연결의 무리를 신경망 또는 신경회로라 부른다. 뇌는 수조 개에 달하는 정보의 신경망으로 이루어져 있다. 이 신경망의 수와 질이 우리 삶을 결정한다. 좋은 글을 쓰려면 좋은 신경망을 가져야 한다.

글은 손으로 쓰는 게 아니라 머리로 쓴다. 당연한 말이다. 생각이 머무는 장소가 뇌 말고 어디에 있겠는가? 그렇다면 우리가 눈여겨봐야 할 녀석은 두말 할 것도 없이 뉴런이다. 뉴런의 신경망을 쓰지 않고서 글을 쓰는 일은 불가능하다. 뉴런이 제 역할을 다 할 때 창의적 사고가 원활하게 움직여 좋은 글을 쓴다. 지금까지 이런 생각을 해보지 않았다면 이제부터라도 생각을 바꿔야 한다.

'어떻게 하면 글을 잘 쓸까?'하고 고민해 보지 않은 작가는 없다.

작가 지망생이든 SNS에 글을 쓰는 사람이든 마찬가지다. 절실한 마음으로 글쓰기 책도 보고 많은 강연도 듣는다. 도움이 되는 책이나 강연도 있고, 그렇지 않은 책이나 강연도 있다. 여기서 눈여겨 볼 점은 마음에 들든 그렇지 않든 그 어떤 강의나 책에서도 뇌를 들여다봐야 한다고 강조하는 사람은 없다는 사실이다. 왜 그럴까? 뇌와 생각을 서로 다른 무엇이라고 생각하기 때문이다. 뇌는 물질이며 생각은 눈에 보이지 않는 추상적인 세계라고 믿기 때문이다. 뇌를 연구하는 사람들 역시 한때는 이런 생각을 했다. 마음과 뇌는 분리되어 있다고 여겼다.

세상만사가 그렇듯 처음에는 보잘것없다고 생각했던 일들이 뜻밖의 결과로 이어질 때가 많다. 뇌과학에서는 전두엽이라는 영역이 그랬다. 19세기 초까지만 해도 전두엽은 보잘것없고 거추장스러운 뇌의 한 영역이었다. 1848년 피니어스 게이지라는 불행한 남자가 등장하기 전까지 말이다.

피니어스 게이지는 철도회사에서 일했다. 20대 중반의 청년은 현장에서 작업을 지휘하던 젊은 감독관이었다. 철길을 만드는 일은 호락호락한 일이 아니다. 산을 뚫고 바위를 폭파하는 위험한 작업이다. 일을 잘 마무리하려면 반갑지 않은 도구를 써야 했다. 바로 다이너마이트다. 그는 노련했고 침착했다. 계획성 있게 일을 잘 처리했다. 하지만 원숭이도 나무에서 떨어질 때가 있듯이 어느 날 그런 일이 그에게 닥쳤다.

　사소한 부주의로 원하는 시간보다 일찍 다이너마이트가 터졌다. 피니어스 게이지는 수십 미터를 날아갔다. 사람들은 하던 일을 내팽개치고 모여들었다. 피니어스 게이지는 머리에 커다란 구멍이 뚫린 채 피를 흘리고 있었다. 사람들은 그가 죽었다고 생각했다. 커다란 쇠막대기가 턱을 지나 머리를 뚫고 지나갔다. 하지만 놀랍게도 그는 의식이 있었다. 사람들은 그를 가까운 의사에게 데려갔다. 존 할로우 박사는 피니어스 게이지를 치료했다. 그리고 치료 과정을 꼼꼼하게 기록했다. 이 기록은 전두엽연구에 중요한 실마리를 제공했다. 피니어스 게이지는 살아났다. 그리고 다시 일터로 돌아갔다. 하지만 그는 오래 머물지 못했다. 몸은 일터로 돌아갔지만, 그의 뇌는 사고를 당하기 전 상태로 돌아가지 못했다.

　존 할로우 박사의 기록을 토대로 뇌과학자들은 피니어스 게이지가 다친 부위는 의심할 여지 없이 전두엽이었다고 결론지었다. 다른 부위의 손상은 전혀 없었다. 그전까지 전두엽이 어떤 일을 하는지 알지 못했다면 이 사건은 전두엽이 무슨 일을 하는지 명백하게 보여주었다. 피니어스 게이지의 태도 변화에 그 답이 있었다.

　그는 변덕이 심해졌고, 툭하면 화를 냈으며, 충동적으로 변했다. 무엇보다 일을 계속하기 어렵게 한 중요한 변화는 계획을 세우고 계획대로 일을 처리하는 능력의 상실이었다. 다이너마이트를 설치하려면 철두철미한 계획을 세워야 하고 세운 계획대로 일을 처리해야 했다. 가장 중요한 능력을 잃은 피니어스 게이지가 철도회사에서 계속 일하기란 불가능했다.

전두엽 연구의 기나긴 역사에 빠지지 않고 등장하는 불행한 사건은 또 있다. 1930년대 유행한 전두엽 절제술이 바로 그것이다. 중증 정신 질환자에게 적용했던 이 수술법은 그리 유쾌하지 않았다. 눈꺼풀 사이로 날카로운 꼬챙이를 집어넣어 전두엽 일부를 잘라내는 수술법이었기 때문이다. 질환을 누그러뜨리는 데 성공한 전두엽 절제술의 효과는 자연스럽게 부풀려졌다. 반면에 끔찍한 부작용은 감춰졌다. 하지만 그리 오래 가지 못했다. 이 수술을 받은 환자들은 무기력해졌다. 그 어떤 것에도 관심을 보이지 않았다. 같은 행동만 되풀이했다. 변화를 받아들이지 못했다. 실수해도 실수를 고치려고 하지 않았다. 자기 스스로 결정을 내리는 일도 없었다. 사고체계가 제대로 작동하지 않았던 것이다.

피니어스 게이지의 사례와 전두엽 절제술은 쓸모없다고 생각한 전두엽의 놀라운 능력을 깨닫게 해주었다. 이 두 사건으로 알게 된 중요한 사실은 전두엽이 사고하는 뇌의 핵심 역할을 담당한다는 점이었다. 당연한 말이지만, 사고하지 못하면 글을 쓰지 못한다. 글을 쓰려면 내가 아는 다양한 경험과 생각을 끌어모아야 하고, 분석하고 분류해야 한다. 논리적으로 타당한지 그렇지 않은지 판단할 수 있어야 한다. 이것이 바로 사고과정이다. 이 일을 하는 부위가 바로 전두엽이다.

물론 전두엽 혼자 이런 일을 처리하지는 않는다. 다른 부위와 긴밀한 상호작용이 필요하다. 하지만 전두엽이 제 기능을 하지 못하면 글을 쓰는 행위 자체도 없다. 피니어스 게이지나 전두엽 절제술을 받은 사람들이 보인 행동은 전두엽의 중요성을 여실히 보여준다. 생각이 어디에서 나오건 전두엽의 역할은 변하지 않는다. 전두엽은 뇌의 다른 영역과 조화를 이루어 좋은 글감을 찾고 글을 쓰도록 우리를 이끈다.

생각은 뉴런이 만들어 놓은 신경망의 조합이다. 앞으로 계속 이야기하겠지만, 생각은 뉴런의 연쇄반응이 만들어낸 결과물이다. 연쇄반응을 내 의지로 일으키느냐 아니면 무의식중에 일어나느냐의 차이만 있을 뿐이다. 그리고 우리는 무의식중에 일어나는 사고 작용을 생각이라고 여길 때가 많다. 아르키메데스가 목욕탕에서 "유레카"라고 외친 이후로 창의성은 갑자기 하늘에서 떨어지는 일이라고 생각하게 되었다. 창의성에 관한 이야기는 이 책의 중요한 부분이므로 다시 다룰 예정이다.

뇌와 생각을 분리해서 바라보려는 시각은 창의성이 일어나는 과정에 관한 신비로운 사례들 때문이다. 하지만 유감스럽게도 그것은 착각일 뿐이다. 일상에서 벌어지는 많은 일이 무의식중에 일어난다. 그래서 뇌 과학자든 일반인이든 무의식의 신비로움에 호기심을 감추지 못한다. 하지만 무의식은 우리가 모르는 다른 세계에서 펼쳐지는 일이 아니다. 내가 느끼지 못했다고 해서 신비로운 일이라고 착각해서는 안 된다. 뇌의 신경작용은 내가 지각하든 지각하지 못하든 똑같은 작동방식으로 언제 어디서나 일어난다. 우리는 뇌가 하는 일을 일일이 느끼거나 인식하지 못한다.

뇌와 생각, 뇌와 글쓰기를 따로 분리해서 생각하기 어렵다. 그렇게 해서도 안 된다. 글을 잘 쓰려면 피나는 노력과 연습이 필요하다. 하지만 무턱대고 하는 것보다 원리를 이해하면 더 빠른 길을 찾을 수 있다. 뇌와 글쓰기가 어떻게 연결되어 있으며 그것을 어떻게 이용할지 더 자세히 들여다보자.

대결 뇌는 두 개의 시나리오로 움직인다

뇌는 두 개의 시나리오를 사용해 우리 삶을 조종한다.

첫 번째 시나리오는 자동화, 빠른 생각, 시스템 1, 본능, 직감 등으로 불리는 시나리오이며 두 번째 시나리오는 비자동화, 느린 생각, 시스템 2, 이성, 논리적 사고 등으로 불리는 시나리오다.

첫 번째 시나리오는 우리가 눈치챌 새도 없이 빠르게 작동한다. 이 시나리오에서는 무의식이 이야기의 중심이다. 무의식은 우리 삶의 대부분을 조종한다. 또한, 이 시나리오는 뇌의 최종 목표이기도 하다. 자동화가 목표인 이유는 뇌의 효율성에 있다.

몸과 마찬가지로 뇌 역시 에너지를 쓴다. 우리 몸에서 뇌가 차지하는 무게는 고작 2%다. 하지만 섭취하는 영양분의 20%를 뇌가 소비한다. 무게의 열 배에 해당하는 비율이다. 그만큼 뇌는 많은 에너지를 쓴다.

불행하게도 뇌는 몸과 달리 영양분을 저장하지 못한다. 에너지를 최대한 효율적으로 써야 하는 이유다. 뇌는 에너지를 적게 쓰려고 노력한다. 그 방법의 하나가 바로 자동화다. 의식하지 않아도 자동으로 돌아가는 작동방식은 에너지가 덜 든다. 뇌가 찾은 가장 효율적인 에너지 사용법이다.

두 번째 시나리오는 우리의 주의를 끌며 느리게 움직인다.

이 시나리오의 중심은 의식이다. 집중력을 발휘하거나 심사숙고해야 하는 모든 일이 두 번째 시나리오에서 일어난다. 에너지가 많이 필요하므로 뇌가 좋아하지 않는 시나리오다. 하지만 자동화하려면 무엇이든 의식적인 접근이 먼저 이루어져야 한다. 따라서 없어서는 안 되는 중요한 과정이다.

두 시나리오 중에 어떤 시나리오가 글쓰기와 관련이 있을까? 두 가지 모두 글쓰기와 관련이 있다. 그도 그럴 것이 두 시나리오는 모두 뇌에서 일어나는 일이다. 글쓰기도 뇌가 하는 많은 일 가운데 하나다. 그러므로 두 시나리오와 글쓰기는 떼려야 뗄 수 없는 관계다.

글쓰기는 왜 어려울까? 글쓰기는 한 번도 가지 않았던 길을 가는 것과 같다. 인류가 세상에 내놓은 그 어떤 책도 똑같은 것은 없다. 글쓰기는 다른 말로 '창작활동'이라고 부른다. 말 그대로 없던 것을 새롭게 만드는 일이다. 글쓰기는 쉽지 않은 일이지만 인간이 하는 많은 활동 가운데 가장 흥미롭고 짜릿하며 매력적인 활동이다. 내 생각을 남에게 알리는 일이 얼마나 설레는 일인지 글을 써보지 않은 사람은 모른다.

설레고 가슴 뛰는 일이 아무 불편함 없이 우리 모두에게 일어난다면 얼마나 좋을까? 아쉽지만 이처럼 매력적인 활동은 쉽게 얻어지지 않는다. 처음에는 고통이 따른다. 이 과정을 이겨내야 짜릿함도,

설렘도 생긴다.

뇌는 에너지 소모가 적은 일을 좋아한다. 한 번도 가지 않은 길을 가는 일은 많은 대가가 따른다. 에너지를 많이 써야 하는 일이다. 뇌가 반길 리 없다. 뇌는 틈만 나면 쉬운 길로 빠지려고 한다. 글을 쓰려고 책상에 앉았다가 단 한 줄도 쓰지 못하고 엉뚱한 생각만 하다 끝나는 일이 심심치 않게 일어난다. 글을 잘 쓰려면 책을 많이 읽어야 한다는 말에 열심히 책을 읽어보지만, 글을 쓰려고 책상에만 앉으면 머리가 하얘진다. 책만 많이 읽으면 글이 줄줄 나올 줄 알았는데 생각처럼 되지 않는다. 책을 많이 읽는다고 글이 저절로 써지는 일은 없다. 책 읽는 것과 글 쓰는 일은 완전히 다른 세계다. 뇌는 두 가지를 다르게 인식한다. 책 읽기는 에너지를 많이 쓰지 않는다. 뇌 측면에서 볼 때 즐겁고 편안한 활동이다. 이와 달리 글쓰기는 에너지 소모가 많으므로 어렵고 힘들다. 뇌는 피곤한 일보다 편한 일을 찾는다. 글을 쓰려고 책상에 앉았지만, 책만 읽고마는 이유가 여기에 있다.

남이 써 놓은 글, 남이 제작한 영화, 남이 그린 그림을 보는 일은 즐겁다. 에너지를 쓰는 과정의 고통과 어려움을 겪지 않아도 되는 일이므로 사람들은 거리낌없이 지갑을 열어 즐거움을 산다. 굳이 내 에너지를 쓰지 않아도 에너지를 쓴 사람의 기쁨을 같이 누릴 수 있는데 무엇하러 힘을 쓰겠는가? 따라서 에너지를 써서 고통을 감내하는 사람보다 에너지를 쓰지 않고 돈과 바꾸려는 사람이 훨씬 많은 것은 당연한 일이다. 뇌는 이처럼 에너지를 덜 쓰는 쪽을 좋아한다. 이것은 좋고 나쁨의 영역이 아니다. 뇌는 좋고 나쁨 따위는 따지지 않는다. 그저 효율적으로 작동할 뿐이다.

뇌는 모두 똑같다. 공평하다. 따라서 내가 하기 싫은 일은 남들도 하기 싫다. 내가 좋아하는 일은 남들도 좋아한다. 그렇다면 기회는 어디에 있을까? 남과 같이 행동하면 기회는 없다. 남과 다르게 행동해야 기회가 생긴다. 남들처럼 에너지를 덜 쓰는 일에 몰두하는 사람은 발전을 기대하기 어렵다. 글 쓰는 일이 귀찮고 어려워서 뇌의 뜻에 따라 포기하면 기회는 사라진다. 뇌 일부분에만 의존한 삶은 바람직한 삶이 아니다.

뇌는 두 개의 시나리오로 움직인다고 했다. 빠르게 반응하는 시나리오는 효율적인 방법이지만, 인생의 쓴맛은 여기에서 비롯될 때가 많다. 그리고 일상의 대부분은 이 시나리오로 돌아간다. 기회를 얻으려 하기보다 눈에 보이는 일만 하려는 사람이 많다. 아무런 도전 없이 되는 대로만 살 것인가? 그래서는 안 된다. 우리에게는 또 하나의 시나리오가 있다. 뇌는 에너지를 쓰더라도 논리적으로 깊이 사고하는 시나리오도 가지고 있다. 이 시나리오를 활용해야 한다. 에너지 사용을 단 한 번에 끌어올리려고 하면 그만큼 저항도 거세진다. 따라서 천천히 에너지 사용을 높이는 방법을 써야 한다. 세 가지 단계로 나누어 보자.

먼저 첫 번째 단계다. 글쓰기는 뇌가 반기는 일은 아니지만, 하지 못할 일도 아니다. 의지가 뒷받침되어야 하는 일이지만, 뇌는 에너지를 써야 할 때는 확실하게 쓴다. 책상에 앉아 글을 쓰려고 마음먹었다면 두 번째 시나리오를 꺼내 들어야 한다. 의지를 발휘해야 한다. 의지가 약하다면 먼저 책상에 앉는 일부터 시작하라. 시간을 정해서 매일 그 시간만큼은 글을 쓰든 안 쓰든 책상에 앉도록 한다. 에너지를 많이 쓰지 않아도 가능한 단계다. 뇌는 이왕 하기로 마음먹은 상태를 알아차린다. 이때 두 번째 시나리오가 작동한다. 쉬운 길 찾기를 멈춘다. 그래 봐야 소용없다는 것을 알기 때문이다. 뇌는 계획을 바꾼다. 이쯤에서 가장 손쉬운 방법은 자동화밖에 없다는 사실을 깨닫는다. 서서히 책상에 앉는 일이 쉬워진다.

두 번째는 한 문장이라도 쓰는 단계다. 뇌는 여기서 또다시 쉬운 길을 찾는다. 내가 할 일은 뇌가 첫 번째 시나리오를 꺼내 들어 글쓰기를 멈추려고 하더라도 의지를 발휘해 두 번째 시나리오를 밀고 나가는 것이다. 문장이나 내용이 말이 되든 안 되든 신경 쓰지 마라. 여기서는 글을 쓰는 행위 자체가 중요하다. 뇌가 꺼내려고 하는 첫 번째 시나리오의 벽을 잘 넘으려면 책상에 앉아 한 문장이라도 꾸준하게 써야 한다. 그래야만 최종 목표인 자동화 단계로 들어갈 수 있다.

이제 마지막 단계다. 여기까지 왔다고 해서 마음을 놓아서는 안 된다. 뇌는 언제라도 첫 번째 시나리오를 꺼내 들 준비가 되어 있다.

저항이 가장 심한 단계이므로 의지를 더 굳게 다져야 한다. 이 단계에서 할 일은 책상에 앉아 글다운 글을 써보는 것이다. 가장 힘든 구간이다. 모두가 공감하는 글을 쓰는 일은 만만치 않다. 뇌는 그만큼 많은 에너지를 써야 한다. 에너지 사용이 높으면 높을수록 첫 번째 시나리오 역시 더 강해진다. 글이 잘 써지지 않으면 뇌는 하는 일을 멈추고 다른 편한 일을 찾도록 첫 번째 시나리오를 꺼내 든다. 대부분 이 단계에서 포기한다. 소수의 사람만이 넘을 수 있는 단계다. 이 단계를 넘긴 사람은 매일 일정 분량의 글을 쓴다. 스티븐 킹, 무라카미 하루키, 헤밍웨이 같은 사람이 해낸 일이다. 물론 책을 여러 권 쓴 모든 사람이 여기에 해당한다. 나 역시 이 단계를 넘어서려고 노력하는 중이다.

뇌가 어떻게 작동하는지 깨달아야 뇌를 활용하는 일이 가능하다. 활용하는 방법을 알았다고 해도 행동으로 옮기지 않으면 아무 소용이 없다. 우리는 하루에도 여러 번 첫 번째 시나리오와 두 번째 시나리오 사이를 오간다. 물론 첫 번째 시나리오가 우세하다. 하지만 두 번째 시나리오는 첫 번째 시나리오를 뛰어넘을 힘이 있다. 이 힘을 얼마나 잘 활용하느냐에 따라 글쓰기는 쉬워지기도 하고 어려워지기도 한다.

점화 점화 효과를 이용하라

개미는 뜨거운 여름에 땀을 흘리며 열심히 겨울을 준비한다. 베짱이는 서늘한 나뭇가지에 앉아 개미를 조롱하며 노래만 부른다. 겨울이 오자 개미는 따뜻한 난롯가에서 푸짐한 음식을 차려 놓고 식사를 한다. 이와 달리 베짱이는 오돌오돌 떨며 개미를 찾아가 밥을 구걸한다. 창고에 곡식이 가득한 사람은 행복하다. 창고가 텅텅 빈 사람은 불행하고 슬프다. 보릿고개가 닥치면 누가 살아남을지 예상하는 일은 어렵지 않다.

위기가 찾아오면 준비된 사람과 그렇지 않은 사람의 차이가 선명하게 드러난다. 어떻게든 되겠지 하며 사는 사람에게 기회는 찾아오지 않는다. 굶주림에 몸부림치며 후회해봤자 아무 소용이 없다. 글쓰기 역시 마찬가지다. 지식 창고에 쓸 만한 지식과 경험이 풍부한 사람이 있는가 하면 쓸 만한 지식과 경험이 별로 없는 사람도 있다. 글은 순수한 창작물이 아니다. 착각해서는 안 된다. 세상에 없던 무언가가 머리에서 쏟아져 나와 한번에 글을 쓰는 일은 일어나지 않는다. 머리에 든 것이 없으면 좋은 글을 쓰지 못한다. 베짱이처럼 남이 쓴 글이나 구걸하는 게 고작이다.

초고를 쓸 때 거침없이 쓰는 사람이 있는가 하면, 끙끙대며 한 줄 쓰기도 힘겨워하는 사람이 있다. 그 이유는 무엇일까? 간단하다.

지식 창고에 얼마나 많은 지식과 경험이 쌓여있느냐의 차이다. 글 쓰는 습관을 익힐 때와 달리 글을 쓸 때는 첫 번째 시나리오의 도움을 받아야 한다. 두 번째 시나리오를 써서 글 쓰는 습관을 익혔다면 뇌는 자동화 단계로 들어섰다고 생각해도 좋다. 이제 마음 놓고 첫 번째 시나리오를 꺼내라.

특히 초고를 쓸 때는 첫 번째 시나리오가 작동해야 한다. 한 자씩 쓸 때마다 논리적이고 이성적으로 따지는 사람은 좋은 초고를 쓰기 어렵다. 첫 번째 시나리오는 문장이나 문법 또는 구성의 치밀함을 따지지 않는다. 첫 번째 시나리오가 거침없이 작동하려면 생각의 멈춤이 없어야 한다. 뇌는 그 일을 해내는 훌륭한 장소임에도 어떤 사람은 그 일을 잘해내지 못하는 안타까운 상황에 놓인다. 왜 그럴까?

'점화'라는 단어가 있다. '불을 붙인다'라는 뜻이다. 뇌과학에는 '점화 효과'라는 말이 있다. 뉴런 하나에 불이 들어오면 뉴런과 연결된 주변 뉴런으로 불이 옮겨붙는 것을 말한다. '생각이 꼬리에 꼬리를 문다'라는 말은 점화 효과를 뜻하는 표현이다. 도미노 현상을 떠올리면 이해하기 쉽다. 1,000억 개 이상의 개별 뉴런은 이웃 뉴런과 유기적인 연결을 이룬다. 이 신경회로의 수는 수조 개에 달한다. 사물을 지각하거나 번뜩이는 생각이 떠오르는 원리의 핵심은 바로 이 연결에 있다.

내가 좋아하는 배우가 있다고 생각해 보자. 그 배우를 전지현이라고 하자. 수많은 사람이 어깨를 부딪치며 걸어야 하는 복잡한 명동 거리에서 전지현이 나타났을 때 우리 뇌에서 일어나는 일은 불특정 다수의 이름 모를 사람을 볼 때와 완전히 다르다. 망막 뉴런은 전지현의 형태를 포착한다. 전지현의 깊고 까만 눈을 보며 뉴런 하나가 활성화한다. 오똑한 코를 보며 또 다른 뉴런이 활성화한다. 그다음 전지현의 이마, 머리, 턱, 어깨, 팔, 다리 등 각각의 자극을 감지하는 뉴런들이 차례차례 활성화한다. 활성화 단계가 모두 끝나면 마지막으로 기억 창고에 저장된 전지현 뉴런이 활성화하여 전지현을 좋아하고 사랑했던 기억이 떠오른다. 반갑고 기쁘다는 감정의 화학물질이 쏟아져 나오면서 집중력은 최고로 올라간다. 주변 사람은 보이지 않고 오직 전지현만 보인다. 만일 전지현에 관한 아무런 내용이 뇌에 저장되어 있지 않다면 뉴런의 활성화는 일어나지 않는다. 눈, 코, 입, 이마 가운데 어딘가에서 멈춘다. 그리고 생각은 다른 곳으로 옮겨간다.

눈앞에 바나나가 놓여 있다. 바나나를 보며 떠올리는 생각은 사람마다 다르다. 어떤 사람은 원숭이나 기차를 떠올린다. 또 어떤 사람은 악당이 바나나를 밟고 미끄러져 넘어지는 만화 속 한 장면을 떠올린다. 또 어떤 사람은 바나나보트의 추억을 떠올린다. 이처럼 내 기억 속에 저장된 지식이나 경험은 자극 하나로 끌려 나온다. 우리 뇌는 이런 일을 아주 빠른 속도로 처리한다. 그 어떤 슈퍼컴퓨터보다 빠르다. 뇌의 능력을 활용해야 한다. 그러려면 뇌 안의 저장 창고를 가득 채우는 일부터 해야 한다.

좋은 글을 쓰려면 점화 효과를 이용해야 한다. 아니 반드시 써야 한다. 풍부한 글은 풍부한 앎에서 시작한다. 점화가 일어나려다 중간에 끊기는 일도 많다. 아는 것이 부족하면 생각의 고리도 얇아 앞으로 나아가지 못하고 쉽게 끊어진다. 점화가 짧게 끝난다는 말은 쓸 거리가 없다는 말이다. 이와 달리 점화가 연속해서 길게 이어지면 글은 풍성해진다. 점화가 일어난 후 벌어지는 연쇄반응을 풍부하게 하는 일은 내 글을 가치 있고 믿음직스럽고 타당하게 하는 지름길이다.

뇌 안의 저장 창고를 가득 채우려면 곡식이 필요하다. 여기서 말하는 곡식이란 '지식'을 말한다. 지식을 얻으려면 어떻게 해야 할까? 지식을 얻는 방법은 여러 가지가 있지만, 책으로 배우는 방법을 가장 많이 쓴다. 나는 책을 멀리했던 사람이 훌륭한 작가로 성장한 사례를 본 적이 없다. 작가의 지식은 작가에서 끝나지 않는다. 작가는 독자의 지식 창고를 채우는 중요한 일을 담당한다. 작가의 신경 연결을 풍성하게 하는 일은 독자의 신경 연결도 풍성하게 하는 일이다. 독자의 성장을 돕는 작가만큼 훌륭하고 값어치 있는 작가도 없다. 독자의 삶을 한 단계 성장시키는 작가가 되려고 노력해야 한다. 그러려면 글 쓰는 나부터 길고 긴 점화를 이뤄내야 한다.

점화 효과를 살려 좋은 글을 쓰려면 어떻게 해야 할까? 두말할 필요 없이 지식 창고를 꽉꽉 채워야 한다. 아무리 좋은 주제나 소재를 발견했다 하더라도 지식 창고에 주제나 소재를 받쳐줄 만한 재료가 없으면 빛 좋은 개살구일 뿐이다. 쓸 만한 주제를 골랐다면 최소한 관련 분야의 책 5권 이상은 정독한 후 글쓰기 계획을 세워야 한다. 소설이든 실용문이든 마찬가지다. 글을 쓰다 보면 지식 창고가 바닥을 드러내기 마련이다. 추가 자료조사가 필요하고 때에 따라서는 전문가의 의견을 들어야 할 때도 있다. 자기가 가진 알량한 지식 한 줌으로 좋은 글을 쓰려는 생각은 지나친 욕심이다. 글쓰기에 필요한 자세는 겸손이다. 겸손함은 작가가 가져야 할 가장 중요한 덕목이다. 이를 잊어서는 안 된다. 작가는 아는 지식을 자랑하는 사람이 아니다. 작가는 새로운 지식을 채워나가는 사람이다.

좋은 경험 역시 글 쓰는 일을 하는 사람이라면 많이 해야 한다. 서울에만 줄곧 살아온 사람은 서울에 관한 이야기는 잘 쓸지 몰라도 부산이나 광주에 관한 이야기는 단 한 줄도 쓰지 못한다. 대한민국에 살면서 단 한 번도 해외로 나가 본 적 없는 사람이 포르투갈이나 멕시코가 주 무대인 이야기를 쓸 수 있겠는가? 점화가 일어나지 않으면 쓸 글도 없다. 실용서적을 쓰려면 그 분야의 지식이 전문가 수준은 되어야 함은 기본이다. 문학작품을 쓰는 사람 역시 마찬가지다. 작품에 나오는 등장인물을 아무 일도 하지 않는 놈팡이로 만들어서는 안 된다. 작품 속 인물은 자기만의 직업이 있어야 한다. 그래야 독자가 공감한다. 작가가 모든 직업을 경험하기는 어렵다. 하지만 작가라면 최소한 자기가 창조한 인물의 직업 정도는 알아야 한다. 〈7년의 밤〉을 쓴 정유정 작가는 스쿠버다이빙을 배우고 지독한 야구광이었다. 여성으로서 쉽지 않은 이러한 경험은 그녀의 작품에 생동감을 불어넣었다.

글을 쓰다 보면 막힐 때가 있다. 어깨 위에 뮤즈가 내려앉아 막힘 없이 줄줄 써지는 일은 잘 일어나지 않는다. 이때 창고가 텅텅 비어 있는 사람이라면 해결책은 없다. 고민하지 말고 지식을 쌓고 경험을 쌓아야 한다. 이와 달리 창고에 곡식이 가득 하다면 가벼운 산책 정도로도 손쉽게 해결할 수 있다. 사고의 막힘은 생각하지 못한 사이에 두 번째 시나리오가 찾아와서 생긴다. 첫 번째 시나리오로 초고를 쓴다고 해서 두 번째 시나리오가 잠만 자는 것은 아니다. 첫 번째 시나리오처럼 두 번째 시나리오도 자기 차례를 호시탐탐 노린다. 두 번째 시나리오는 너무 분석적이어서 때로는 일을 복잡하게 만든다. 이럴 때는 첫 번째 시나리오로 빨리 돌아가야 한다. 가벼운 걷기나 산책으로 두 번째 시나리오를 잠재우면 첫 번째 시나리오가 다시 고개를 든다. 이때 생각의 줄기가 마음껏 뻗어 나가면서 막혔던 부분이 뚫린다. 물론 내 지식 창고에 꺼내 쓸 풍부한 자원이 있어야만 가능한 일이다. 글쓰기 전에 지식 창고를 가득 채우는 일부터 하기 바란다.

순환 넣은 만큼 끄집어내야 한다

곡식 창고에 곡식을 가득 쌓아 놓았다고 모든 일이 끝난 것은 아니다. 베풀지 않으면 아무 소용없다. 고 박경리 작가가 쓴 대하소설 〈토지〉를 보면 최참판댁 재산을 통째로 집어삼킨 조준구의 이야기가 나온다. 조준구는 창고에 쌓아둔 곡식을 혼자 독차지한다. 마을에 어려움이 닥치면 곡식을 나누어주던 미덕의 풍습은 조준구가 온 이후로 사라져버렸다. 욕심은 화를 부르는 법. 조준구의 횡포를 참지 못한 동네 사람들은 낫과 곡괭이를 들고 쳐들어가 곡식을 모두 빼앗는다. 조준구는 창고에 쌓아 둔 곡식 한 톨 입에 대지 못하고 모두 잃고 만다.

제 역할을 하지 못하는 창고 안의 곡식은 더는 곡식이 아니다. 오래된 곡식은 썩어 문드러져 버린다. 곡식은 많지만 썩어 문드러진 쓸모없는 곡식만 가득한 창고는 텅 빈 창고와 다를 게 없다. 아니 오히려 더 나쁘다. 쓸모없는 곡식만 가득한 창고에 새 곡식을 쌓으려면 먼저 썩어 문드러진 곡식을 처리하는 일부터 해야 한다. 이 일은 쉽지 않다. 이와 달리 텅 빈 곡식 창고를 채우는 일은 훨씬 편하다. 깨끗하게 비어 있는 창고에 물건을 쌓는 일은 힘든 고생이 아니라 즐거운 일이다.

우리 뇌로 돌아가 보자. 뇌 역시 곡식 창고와 같다. 쌓아두기만

하고 쓰지 않으면 신경 연결은 느슨해지고 마침내 끊어져 버린다. 어렵게 쌓아 둔 지식과 경험은 영원히 사라진다. 먹어 보지도 못하고 모두 빼앗긴 조준구의 상황처럼 어처구니없는 일이다. 출력을 꾸준히 해야 한다. 출력이 중요한 이유는 기억을 공고히 하는 데 있다. 입력은 출력이 뒷받침되어야 비로소 영원히 내 것으로 남는다. 출력의 방식은 여러 가지다. 말로 떠들거나 자료를 만들거나 문제를 풀거나 아니면 글로 남기는 것이다.

점화 효과를 제대로 활용하려면 자주 끄집어내야 한다. 창고에 지식을 쌓았다면 영원한 기억으로 만들어야 한다. 바람에 나부끼는 꽃잎만으로도 책 한 권을 쓰는 사람이 있다. 자그마한 자극으로도 뉴런은 활성화한다. 활성화한 뉴런은 도미노처럼 이어진다. 심지가 영원하다면 불도 영원히 꺼지지 않는다. 꽃잎은 과거의 기억을 불러낸다. 기억은 꼬리를 물고 다른 기억을 불러낸다. 지식과 경험이 많다면 책 한 권이 아니라 열 권도 쓸 수 있다.

알츠하이머병이라 불리는 치매는 뉴런 연결이 사라지면서 기억에 심각한 문제를 일으키는 질환이다. 그런데 치매에 걸리고도 치매 증상을 보이지 않는 사람들이 있다. 주로 수녀들이 그렇다. 뇌과학자들은 노트르담 대성당의 수녀들을 대상으로 연구를 진행했다. 그 가운데 눈에 띄는 수녀가 있었다. 101세까지 장수한 메리 수녀가 그 주인공이다. 메리 수녀가 죽자 과학자들은 그녀의 뇌를 부검했다. 놀랍게도 중증 치매 병변이 발견되었다. 하지만 메리 수녀는 살아생전 치매 증상을 단 한 번도 보이지 않았다. 학자들은 왜 어떤 사람은 치매에 굴복하고, 왜 어떤 사람은 그렇지 않은가를 연구했다. 수녀는 매일 일기를 쓴다. 치매에 걸려 고생한 수녀와 그렇지 않은 수녀의 일기를 조사하던 연구팀은 한 가지 차이점을 발견했다. 그 차이는 바로 문장력이었다. 아주 단순한 문장으로 짧은 생각만 글로 남긴 수녀는 대부분 치매 증상을 보였다. 이와 달리 세련되고 풍부한 개념이 들어 있는 문장을 쓴 수녀들은 치매에 덜 걸렸으며 걸리더라도 증상을 나타내지 않았다.

글쓰기는 출력의 한 방법이며 탄탄한 기억의 고리를 만든다. 기억의 고리가 질기면 질길수록 질병도 무너뜨린다. 좋은 글을 쓰려면 뇌안의 지식 창고에 쌓아 둔 재료를 활용해야 하지만, 그 이전에 글쓰기는 그 자체로도 뇌 건강에 큰 영향을 미친다. 신체와 달리 뇌는 쓰면쓸수록 튼튼해진다. 뇌 안의 지식을 쓰지 않고 방치하면 재료는 썩는것에 그치는 것이 아니라 건강에 심각한 문제를 일으킨다.

학교 교육의 핵심은 지식의 축적이 아니라 지식을 시험하는 일이다. 배운 것을 주기적으로 확인하는 이유는 뇌에 얼마나 깊이 저장되어 있느냐를 확인하기 위함이다. 시험만큼 기억을 탄탄하게 하는 것도 없다. 우리는 시험을 지긋지긋하게 생각하지만, 시험은 뇌를 살찌우는 최고의 방법이다.

시험공부를 할 때 뇌의 특성을 이용하면 좋은 결과를 얻을 수 있다. 눈으로만 공부할 때와 입으로 떠들거나 쓰면서 공부할 때의 차이는 생각보다 크다. 내가 배운 것을 표현할 줄 알아야 완전하게 내 것이 된다. 학생을 가르치는 선생님이 되었다고 생각하고 공부한 내용을 떠들어보라. 이렇게 새긴 기억은 웬만해서는 잊히지 않는다. 입력은 반드시 출력이 전제되어야 한다. 남 앞에서 떠드는 일도 시험을 보는 일도 그리고 글로 써서 표현하는 일도 모두 훌륭한 출력작업이다.

다시 글쓰기로 돌아가 보자. 글로 쓸 글감을 뇌에 차곡차곡 잘 저장해 놓았다면 너무 오래 놔두지 말고 되도록 빨리 써야 한다. 기약 없이 책만 읽어서는 안 된다. 뉴런 연결이 약해지기 전에 글로 옮겨야 한다. 그래야 비로소 영원한 기억으로 남는다. 이렇게 출력 작업을 해 놓으면 언제 어느 때고 꺼내 쓰기 쉽다. 한 번 익힌 지식은 한 번 써먹은 것으로 끝나지 않는다. 이 지식은 글쓰기가 힘들고 어려울 때 나타나 나를 구해주는 소중한 재산이다. 블로그든 인스타그램이든 일기장이든 한글 문서든 어디든 좋다. 배웠으면 기록으로 남기는 습관을 들여야 한다. 베푸는 일은 즐거운 일이다. 행복한 일이다. 나한테도 그렇고 남한테도 그렇다. 지식의 공유도 점화 효과와 같다. 나를 살찌우고 우리를 살찌우고 모두를 살찌운다. 뉴런이 서로를 끌어안으며 천문학적인 연결을 이루어 내듯 우리 역시 지식이라는 이름의 뉴런을 많은 사람에게 퍼뜨려야 한다. 쓰는 행위가 치매와 같은 치명적인 질병을 몰아내듯이 지식의 공유 역시 사회를 건강하게 하는 훌륭한 역할을 한다.

'프리라이팅'이란 말 그대로 자유롭게 쓰기다. 프리라이팅은 글쓰기가 힘들거나 지칠 때 내가 쓰는 방법이다. 첫 번째 시나리오를 이용해 아무 글이나 생각나는 대로 끼적인다. 대수롭지 않은 행동이지만 뇌 안의 기억을 공고히 하는 중요한 작업이다. 이렇게 쓴 글은 그냥 버리지 않는다. 먼 훗날 좋은 글로 다시 태어날 날을 기약하며 차곡차곡 모아 둔다. 프리라이팅의 또 다른 장점은 글 쓰는 일에 에너지를 덜 쓰게 된다는 점이다. 뇌는 글 쓰는 일을 계속하지 않으면 안 된다고 여기는 순간 자동화 프로그램의 전원을 켠다. 글을 쓰다가 힘들 때 프리라이팅을 해보라. 이 말이 거짓이 아님을 깨닫게 될 것이다.

지금 당장 머릿속에 들어 있는 지식이 얼마나 되는지 시험해보기 바란다. 주제가 무엇이든 상관없다. 내가 아는 모든 것이 주제다. 아무것도 떠오르지 않는다고 멍하니 있지 말고 뇌의 점화 효과를 믿고 가장 단순한 이야기부터 시작해보라. 심지가 타들어 가듯 생각이 꼬리를 물고 떠오를 것이다. 어디까지 가는지 쉬지 말고 따라가라. 불씨가 너무 빨리 꺼진다면 튼튼하고 질긴 심지를 구하는 일에 들어가야 한다. 심지를 구했다면 불을 붙여라. 원하는 시간 동안 불이 꺼지지 않았다면 그 심지를 잘 보관하라. 이 일을 꾸준히 반복하기 바란다. 이제 당신이 쓴 모든 기록은 영원히 당신의 소유물이 될 것이다.

지식 창고에 쌓아 둔 곡식은 싱싱한 상태로 영원히 남게 될 것이다. 이제 훌륭한 재료로 좋은 글을 쓸 일만 남았다.

입력이 어려울까? 출력이 어려울까? 무언가 배우는 일은 즐겁고 유쾌하지만, 언제나 그런 것은 아니다. 하고 싶어서가 아니라 억지로 해야 하는 공부라면 더 그렇다. 그렇다면 출력 작업 중 하나인 글쓰기는 어떨까? 글쓰기는 대부분 내가 원해서 하는 일이다. 억지로 글을 쓰는 사람은 드물다. 글을 쓰려면 좋은 재료를 머릿속에 채워 넣어야 한다. 이 시간은 즐겁고 유익하며 설레기까지 하다. 하지만 이 과정이 끝나고 책상에 앉으면 지금까지의 즐거움은 사라지고 창작의 고통만 남는다. 같은 출력 작업이면서도 시험문제를 푸는 일은 글쓰기와 반대다. 시험을 전제로 하는 공부는 힘겹다. 하지만 고통의 시간을 잘 이겨냈다면 시험문제 풀기는 흥겨운 일이다. 그 이유는 정답이 있어서다. 이와 달리 글쓰기는 정답이 없다. 입력을 잘해 놓았다 하더라도 어느 길이 정답인지 알 길이 없으므로 출력은 힘들고 막막하다. 오로지 스스로 찾아야 한다. 사막에서 지도 한 장과 돋보기 하나를 들고 잃어버린 머리핀을 찾는 것과 마찬가지다.

창작의 고통을 이겨내는 유일한 방법은 풍부한 글감 모으기와 체계적인 분류다. 글쓰기를 잘하려면 글감을 잘 분류해 놓아야 한다. 그래야 길을 잃지 않는다. 폴더별로 깔끔하게 정리해 놓은 글감은 글쓰는 일을 한결 수월하게 한다. 프리라이팅과 함께 반드시 기억해야 할 부분이다.

출력의 중요성을 깨달았다면 이제 책을 덮고 배운 것을 글로 풀어
내 보자. 다 썼다면 잘 분류해서 차곡차곡 모아 두기 바란다. 이 자료
는 내 글을 살찌우는 자양분이다.

원료 뇌에 에너지를 가득 채워라

공사장에서 힘든 육체노동을 하거나 밭에서 힘든 농사일을 할 때면 기다려지는 것이 있다. 바로 참이다. '참'이란 일을 하다 중간에 잠시 쉬는 것을 말한다. 하지만 힘든 일을 할 때 참의 의미는 쉬는 것만을 뜻하지 않는다. 가벼운 식사를 한다는 뜻도 있다. 참으로 빵이나 라면을 먹기도 하고 부침개에 막걸리로 목을 축이기도 한다. 참은 에너지를 재충전하는 시간이다. 오후 일도 힘내서 열심히 하려면 에너지를 보충해야 한다. 참은 가벼운 한 끼지만 힘겨운 일을 할 때 없어서는 안 되는 중요한 시간이다.

정신적인 노동은 어떨까? 육체노동만큼 에너지를 소비할까? 그만큼은 아닐지 몰라도 정신노동도 많은 에너지를 쓴다. 몸으로 들어오는 영양분의 20%를 뇌가 쓴다. 적지 않은 양이다. 게다가 뇌는 영양분을 저장하지 못한다. 그만큼 알뜰하게 써야 한다. 글을 쓰고 나면 기운이 빠진다. 쓸 때는 모르다가 정해진 분량을 다 쓰고 나면 어김없이 배고픔이 찾아온다. 이럴 때 배고픔을 참고 계속 써야 하는지 고민일 때가 많다. 글이 잘 써질 때면 더 그렇다. 좋은 글을 쓰려면 글쓰기를 멈추고 에너지를 보충해야 한다. 영양분이 부족한 뇌는 제구실을 하지 못한다.

배가 고파야 글이 잘 써진다고 말하는 사람도 있다. 굶어야 정신이 더 맑아진다는 사람도 있다. 이런 사람에게 제안하고 싶다. 배를 채우고 글을 써보라고 말이다. 배가 고파도 잘 써진다면 영양분을 충분히 공급한 후에 쓰는 글은 얼마나 잘 써질지 생각해 보기 바란다. 몸이 피곤해도 아침밥만은 챙겨 먹이려는 부모의 마음은 단순한 모성애, 부성애가 아니다. 부모의 애틋한 마음을 넘어 하루를 제대로 보내길 바라는 간절함이 담겨 있다. 아침을 거른 아이는 2교시부터 배가 고파지기 시작한다. 모든 신체기관은 에너지 소비를 줄이려고 노력한다. 특히 뇌는 새로운 정보를 받아들이는 데 써야 할 최소한의 에너지도 허락하지 않는다. 이때는 선생님의 말씀이 제대로 들어오지 않는다. 반면에 아침을 챙겨 먹은 아이는 쓸 힘이 충분하다. 쓸 에너지가 많은 뇌는 받아들이는 일도 힘들지 않다. 뇌를 많이 써야 하는 학생이라면 아침 식사를 걸러서는 안 된다.

축구는 가장 인기가 높은 대표적인 구기 종목이다. 축구는 전반과 후반으로 나뉜다. 감독은 전반과 후반 중 어디에 더 신경을 쓸까? 대부분 감독은 후반에 승부수를 던진다. 전반에 힘을 아껴두었다가 후반 결정적인 순간에 모든 것을 쏟아부어 승리를 얻으려 한다. 하지만 전반에 무리해서 에너지를 쓰는 바람에 후반에 역전을 당하는 일도 심심치 않게 벌어진다. 역전패한 팀의 감독이나 선수들은 경기 후 인터뷰에서 입을 모아 체력 안배에 실패했다고 말한다.

때로는 전반에 승부수를 띄우기도 한다. 약팀이 강팀을 만났을 때 전반에 총공격으로 점수를 내고 후반전에 틀어 잠그는 작전을 펼친다. 이 작전으로 강팀을 잡는 약팀이 종종 나온다. 결국 승부는 어디에 중점을 두느냐, 어떤 작전을 펼치느냐에 따라 갈린다. 그리고 선수들의 에너지 사용 여부가 그 중심에 있다. 에너지 사용을 적절하게 잘 하는 팀이 승리할 확률이 높다.

글쓰기 역시 마찬가지다. 언제 글을 써야 잘 써질까 고민하는 일은 좋은 글을 쓰는 올바른 자세다. 물론 사람마다 잘 써지는 시간대가 있다. 중요한 점은 막연하게 '그 시간에 글이 잘 써진다'라고 생각하기보다는 뇌의 관점에서 철저하게 분석해야 한다는 사실이다. 글이 잘 써지는 시간은 하루 중 언제일까? 글이 잘 써지려면 뇌에 에너지가 충만해야 한다. 그 시간은 굳이 따져보지 않아도 쉽게 알 수 있다. 바로 오전이다. 아침에 일어났을 때가 그렇다. 인도 출신의 천재 작가 살만 루슈디는 자리에서 일어나자마자 글을 썼다고 한다. 그는 "하루의 첫 에너지를 글쓰기에 쏟아부어야 한다는 것을 알게 되었습니다."라고 말했다. 루슈디처럼 일어나자마자 책상에 앉으라는 이야기가 아니다. 아침 식사를 하고 가벼운 산책을 한 후 책상에 앉아라. 이 시간이 뇌가 가장 잘 작동하는 시간이다. 여기서 의문이 생길 것이다. 아침 식사는 좋은 줄 알겠는데 가벼운 산책은 어떤 의미일까?

뇌는 에너지만으로 움직이는 장소가 아니다. 무엇이 더 필요할까? 바로 신선하고 풍부한 산소다. 산소는 정신을 맑게 하여 인지능력을 높여준다. 뇌를 좋게 하는 데 필요한 운동은 바로 유산소 운동이다. 유산소 운동은 뇌에 최대한 많은 양의 산소를 공급하여 뇌의 활동 능력을 높여준다. 유산소 운동은 누구나 쉽게 할 수 있다. 힘겨운 역기나 아령을 들지 않아도 된다. 보통 걸음보다 약간 빨리 걷는 산책 정도면 충분하다. 〈운동화 신은 뇌〉를 쓴 존 레이티 박사를 비롯한 많은 뇌과학자가 뇌에 좋은 운동으로 가벼운 걷기와 같은 유산소 운동을 꼽는 이유가 바로 여기에 있다.

푹 자고 일어난 상태에서 아침 식사로 에너지를 충분히 채우고 가벼운 산책으로 맑은 산소까지 들이마셨다면 해야 할 일은 의자에 앉아 글을 쓰는 것이다. 이때는 글이 안 써지기가 오히려 더 어렵다. 물론 오전에 잘 안 써지는 사람도 있을지 모른다. 그것은 습관이 들지 않아서다. 해보지 않고 그렇게 해오지 않았다고 해서 맞지 않는다고 섣불리 판단하지 마라. 뇌의 구조나 작동원리는 누구나 똑같다. 오늘부터 시험해 보기 바란다.

물리적으로 오전이 힘든 사람도 있다. 직장이 있거나 밤늦게 일을 해야 하는 사람도 글을 쓰지 말란 법은 없다. 이럴 때는 어떻게 해야 할까? 직장인이라면 여유로운 시간은 일과를 마치고 저녁을 먹은 후 1~2시간이다. 피곤함이 남아 있지만, 일과를 끝낸 만큼 마음은 홀가분하다. 저녁으로 배도 든든하게 채웠으니 한두 시간 쓸 에너지도 있다. 시간이 허락한다면 가벼운 저녁 산책을 하고 와도 좋다. 한두 시간이 짧다고 생각할지 모르나 마음만 먹으면 한 꼭지 정도는 충분히 쓸 수 있는 시간이다. 이 시간을 잘 활용하기 바란다.

밤늦은 시간까지 일하는 사람이라면 글 쓰는 일은 쉽지 않다. 하지만 의지가 있다면 못할 일도 아니다. 자기 스스로 잘 판단해서 에너지가 남는 시간대를 찾아라. 24시간 내내 일하는 것은 아니므로 에너지가 남아 있는 시간대를 찾는 일은 어렵지 않다. 그 시간을 활용하면 된다. 30분, 한 시간이라도 좋다. 의지만 있다면 얼마든지 가능하다.

낮에 자고 밤에 일하는 직장이라면 의지만으로는 힘들다. 뇌와 신체는 생체리듬이 있다. 사람은 낮에 일하고 밤에 자야 한다. 생체리듬을 거스르는 활동은 몸에 무리를 준다. 생체리듬이 깨진 상태라서 뇌가 원활하게 작동하기 어렵다. 주말이건 한낮이건 휴식을 취했다 해도 뇌가 제자리로 돌아오는 데 필요한 시간은 정상적인 활동을 하는 사람에 비해 훨씬 오래 걸린다. 밤과 낮이 바뀐 상태라면 글쓰기보다 건강관리에 신경 써야 한다. 다시 정상적인 생활로 돌아왔을 때 시작해도 늦지 않다. 그날을 기약하자.

잊지 말아야 할 점은 어떤 일을 하더라도, 어떤 상황에 놓이더라도 글을 쓰려면 단 한 시간이라도 쓸 에너지가 있어야 한다는 사실이다. 에너지 보충이 없으면 좋은 글은 나오지 않는다. 뇌는 전기만 꽂으면 무한정 작동하는 기계가 아니다. 유한한 에너지는 언젠가 사라진다. 좋은 글을 쓰려면 뇌에 유익할 활동을 먼저 해야 한다. 영양분을 보충하고 뇌에 유익한 산소를 충분히 공급하는 활동이야말로 글쓰기 전에 꼭 해야 할 일이다.

휴식 좋은 글은 좋은 휴식에서 나온다

열심히 일하는 것 못지않게 잘 쉬는 것도 중요하다. 에너지를 썼다면 에너지를 보충해야 한다. 에너지 보충은 영양분을 섭취하는 것만이 전부는 아니다. 영양분 섭취 말고 또 무엇이 있을까? 바로 휴식이다. 육체 활동은 활동을 멈춤으로써 체력을 회복한다. 뇌 역시 마찬가지일까? 뇌 활동을 멈추는 일이 가능할까? 육체와 달리 뇌는 멈추는 일이 없다. 문제를 풀거나 글을 쓸 때 뇌는 에너지를 많이 쓴다. 불행하게도 문제를 다 풀거나 글 쓰는 일을 멈춰도 뇌는 사고를 멈추지 않는다.

뇌과학자들은 혼자 멍하니 있을 때 뇌가 무엇을 하는지 연구했다. 놀랍게도 뇌는 가만히 있지 않았다. 끝없이 자기 내면을 탐구했다. 전두엽의 한 영역과 뒤쪽 뇌의 한 영역이 내면을 들여다보는 역할을 했다. 아무 일도 안 하고 가만히 있을 때 이 부분이 눈에 띄게 활성화한다. 이 영역을 학자들은 '기본 신경망' 또는 '기본망'이라고 불렀다.

기본망이 활성화할 때 일어나는 사고는 다른 사람과 자기 자신에 관한 생각이나 평가다. 연인과의 데이트 비용 문제나 엄마가 좋아하는 화분을 깬 일과 같은 인상적인 일을 시작으로 내 경험과 기억의 모든 부분을 탐색한다. 기본망은 의지 활동이 아니라 의식의 흐름을 나도 모르게 쫓는 무의식 활동에 가깝다. 이 신경망은 글을 쓰는 데 중요한 역할을 한다. 흔히 '딴생각'이라고 불리는 이 상태에서 뇌는 뜻하지 않는 고급 자료를 발견하기도 하고, 생각하지 못했던 무언가를 생각해 내기도 한다.

아무것도 없는 공허한 공간에 혼자 있다고 해서 뇌가 쉰다는 생각은 버려야 한다. 뇌는 계속해서 사회적 관계에 관심을 기울인다. 점화 효과가 일어나 생각이 꼬리를 물고 이어진다. 파스칼이 '인간은 생각하는 갈대다'라고 말한 것처럼 우리는 생각의 파편을 따라 이리저리 흔들린다. 아무 것도 하지 않으므로 뇌도 쉬고 있다고 생각할지 모르지만 이처럼 뇌는 자기 내면을 관찰하면서 시간을 보낸다. 출력 작업을 하는 동안 쓰는 에너지보다 덜하겠지만 이 상태 역시 에너지를 소모한다. 육체가 아무 일도 하지 않고 쉬는 것처럼 진정한 의미의 휴식이 아니다. 뇌를 쉬게 한다는 것은 육체가 정지하듯 에너지 소모가 없는 상태를 말한다.

에너지를 덜 쓴다는 의미는 도대체 무엇일까? 뇌과학자들의 연구를 바탕으로 알기 쉽게 설명해 보자. 모차르트나 베토벤이 연주할 때 활성화하는 뇌와 예술의 전당에 모인 연주자들이 모차르트와 베토벤의 곡을 연주할 때 활성화하는 뇌는 다르다. 직접 창조할 때와 만들어진 것을 재현할 때의 에너지 소모는 하늘과 땅 차이라는 말이다. 마찬가지로 바둑을 두는 사람과 바둑을 구경하는 사람, 그림을 그리는 사람과 명작을 감상하는 사람의 뇌도 마찬가지다.

뇌에 완전한 휴식을 주는 일은 불가능할까? 100%는 아니라도 멍한 상태를 만드는 일은 가능하다. 그것은 바로 TV 시청이나 영화보기다. 왜 어른들이 TV를 바보상자라 부르며 멀리하라고 강조하는지 알아야 한다. 지금은 예전처럼 TV를 보는 일이 많이 줄었다. 컴퓨터와 인터넷의 발달로 TV보다 재미있고 양방향으로 소통 가능한 기기가 등장하면서 일어난 일이다. 물론 컴퓨터와 인터넷도 부작용이 있지만 TV 앞에 넋을 놓고 앉아 있던 80~90년대 아이들보다 창조적인 무언가를 만들어낸다는 점에서 훨씬 낫다.

뇌를 쉬게 하려면 TV나 영화보기가 좋다. 되도록 새로운 프로그램이나 신작 영화보다는 봤던 영화나 재방송을 보는 것이 좋다. 이미 아는 내용의 영화나 방송을 보는 일은 뇌를 꼼짝 못 하게 하는 최고의 방법이다. 방송이나 영화를 다시 보는 일은 뇌가 능동적으로 무엇을 해야 하는 일이 아니다. 그렇다고 생각의 파편에 따라 제멋대로 흐르도록 놔두지도 않는다. 시각이 다채로운 색감의 화면에 내 주의를 고정시키기 때문이다. 뇌는 어떤 일도 하지 않으며 골치 아픈 내면을 탐색하지도 않는다. 그야말로 에너지 소모가 제로에 가깝다. 물론 시각피질이나 청각피질과 같은 뇌의 부위는 계속 작동하겠지만 죽어서 무덤에 들어가지 않는 한 이 정도의 뇌활동은 언제나 일어난다. 제한적인 부분을 제외하면 다시 보기를 통해 활성화하는 뇌의 영역은 미미하다. 비로소 진정한 휴식이 찾아온 셈이다.

부디 경험해 보기 바란다. 나도 이 방법을 쓴다. 글을 오래 쓰고 난 후 다음 장까지 완벽하게 준비해 놓은 상태에서 뇌를 쉬게 한다. 이때, 봤던 영화를 다시 본다. 아니면 내가 좋아하는 NBA(미국프로농구) DVD를 꺼내 본다. 글을 쓰느라 복잡하고 무거웠던 머릿속이 한결 가벼워진다. 영양분을 공급하는 일도 중요하지만, 이 방법은 육체가 휴식을 끝낸 후 맞는 개운함을 뇌도 경험하게 한다. 1시간에서 2시간 정도 아무 생각 없이 영화를 보고 나면 뇌가 맑아진 듯한 느낌을 받는다. 이때 주의할 점은 장르의 선택이다. 재미있는 코미디 영화나 잔잔한 감동을 주는 영화가 좋다. 폭력적인 영화나 공포영화는 피해야 한다.

더 완전한 휴식을 원한다면 남은 방법은 한 가지뿐이다. 바로 수면이다. 영양분 공급 외에 수면만큼 뇌에 많은 에너지를 보충해 주는 활동은 없다. 살아있으면서 죽음과 가장 가까운 상태가 바로 잠잘 때다. 에너지 소비가 뚝 떨어진다. 충분한 수면은 좋은 글을 쓰는 지름길이다. 수면이 중요한 이유는 에너지 보충이 전부는 아니다. 글을 잘 쓰려면 이 부분도 반드시 알아야 한다.

학자들은 밤에 잠을 잘 자는 사람과 잠을 잘 자지 못하는 사람을 구분하여 연구를 진행했다. 연구 결과 잠을 잘 자지 못하는 사람은 잘 자는 사람에 비해 뚱뚱해질 확률이 높다는 것을 알아냈다. 시카고대학의 한 연구 결과를 보면 수면이 부족한 사람은 탄수화물을 더 많이 먹는다고 한다. 이 외에도 수많은 연구가 수면 부족이 비만과 관련이 있다는 사실을 증명하고 있다. 수면 부족으로 발생한 비만은 뇌에 좋지 않은 영향을 준다.

음식을 탐하는 욕구는 사고하는 뇌를 압박한다. 음식을 탐하는 행동은 충동 조절 실패와 관련이 깊다. 충동을 일으키는 뇌와 생각하는 뇌는 긴밀하게 연결되어 있다. 충동을 일으키는 뇌가 강하면 강할수록 이성적으로 사고하는 뇌의 힘은 줄어든다. 좋은 글을 쓰려면 생각하는 뇌가 잘 작동해야 한다. 비만으로 이 영역이 방해를 받으면 좋은 글을 쓰기 어렵다. 충분한 수면은 뇌에 완전한 휴식을 주는 일도 하지만 글 쓰는 데 중요한 역할을 담당하는 뇌의 영역을 보호하는 일도 한다.

수면이 중요한 이유는 또 있다. 잠잘 때 뇌도 잠을 자지만, 일정 부분 활동하는 구간도 있다. 그 구간을 일컬어 '렘수면'이라 부른다. 어린아이는 이 구간이 무려 80%나 된다. 성인이 되면 20%로 줄어든다. 이 구간에 뇌는 무슨 일을 할까? 첫 번째로 뇌세포 즉, 뉴런 간의 연결을 공고히 한다. 좋은 글을 쓰려면 점화 효과를 이용해야 한다. 점화 효과란 뉴런과 뉴런 사이로 퍼져나가는 전기 전달을 뜻한다. 뉴런 간의 연결이 튼튼하면 튼튼할수록 점화 효과는 더 멀리 더 빠르게 퍼진다. 다시 말해 점화 효과의 질을 높인다. 좋은 글을 쓰려면 뉴런 연결의 공고함이 무엇보다 중요하다. 두 번째로 뇌 안을 청소한다.

하루 동안 일어난 일을 처리하면서 생긴 찌꺼기를 처리한다. 장사가 끝나면 문을 닫고 식당 안을 깨끗하게 청소하듯이 뇌 역시 내일을 위해 정리 정돈의 시간을 보낸다. 꼬박 밤을 새운 뒤 아침이 오면 렘수면 과정에서 해야 할 일을 하지 못한 뇌는 멍해진다. 사고가 원활하게 작동하지 않는다. 판단력이 흐려져 올바른 결정을 내리지 못한다. 밤낮이 바뀐 일을 하면 좋은 글을 쓰기 어렵다. 이때는 글쓰기보다 하루라도 빨리 정상적인 생활로 돌아오도록 하는 데 초점을 맞춰야 한다.

그렇다면 얼마를 자야 좋을까? 학자마다 사소한 차이는 있지만 대체로 성인을 기준으로 하루에 7시간 이상을 강조한다. 7시간 이상 자야 좋은 글을 쓸 수 있다는 이야기다. 수면은 누구나 하는 기본 활동이지만 제대로 하지 못하는 사람도 많다. 수면 습관을 뒤돌아보는 일은 좋은 글을 쓰는 또 하나의 노력이다.

좋은 글은 좋은 휴식에서 나온다. 머릿속이 멍하거나 복잡하고, 무겁다면 펜을 놓아라. 그리고 휴식에 들어가라. 개운하게 쉬고 나면 뇌는 좋은 글을 쓰려는 당신의 의지에 힘을 보탠다.

부담 **모든 일을 뇌에 맡기지 말고 도구를 활용하라**

뇌가 잘 작동하도록 하려면 어떻게 해야 할까? 뇌의 부담을 덜어 주면 된다. 뇌는 나를 사랑한다. 뇌는 모든 에너지를 나를 위해 쓴다. 뇌가 하는 사랑이 짝사랑이 되도록 해서는 안 된다. 나도 뇌를 위해 해 줄 수 있는 일을 적극적으로 찾아서 해야 한다. 뇌가 작업대에 올릴 수 있는 최대 작업량은 4~5개다. 이 말은 4~5개까지 같은 에너지로 작업한다는 말이 아니다. 작업대 위에 놓인 작업 개수가 늘어나면 늘어날수록 에너지 소모는 점점 가혹해진다. 5개를 작업할 때 드는 에너지는 한 개를 작업할 때 드는 에너지보다 많다. 5개가 넘어가면 뇌는 과부하에 걸리고 마침내 어느 일 하나도 제대로 해내지 못한다.

글을 쓰려면 해야 할 일이 많다. 제일 먼저 글 쓰는 기본 능력부터 갈고닦아야 한다. 어떤 단어를 쓸 것인지, 어떤 단어를 피해야 하는지, 좋은 문장은 어떤 문장인지, 단문으로 쓰는 훈련과 지나친 미사여구 사용의 자제, 그리고 주어와 술어의 호응을 비롯하여 신경 써야 할 부분이 한둘이 아니다. 이 모든 능력을 제대로 갈고닦았다고 해도 할 일이 끝나는 것은 아니다. 어떤 문장이 독자에게 감동을 줄지 끊임없이 고민하고 연습하는 습작의 과정도 거쳐야 한다. 글쓰기의 기본만 해도 이처럼 많은 에너지를 써야 한다.

글쓰기는 글 자체도 중요하지만 말하려고 하는 주제나 내용이 없으면 글쓰기라 할 수 없다. 주제를 정하고 글감을 모으는 일은 글쓰기의 기본기를 다졌다면 다음으로 해야 할 중요한 과정이다. 글쓰기의 기본을 다지는 일보다 더 많은 에너지를 써야 할지도 모른다. 주제란 무엇인가? 주제는 내가 말하고자 하는 중심 이야기다. 주제의 범위가 얼마나 넓은지 생각해 보기 바란다. 세상의 모든 것이 주제고 쓸거리다. 어떤 글을 쓸까 고민하는 일은 모래사장에서 바늘 찾기처럼 막막하다. 뇌에 많은 부담을 준다. 어렵게 주제를 정했다 해도 문제는 남는다. 주제를 어떻게 풀어나갈지 계획을 세워야 한다. 이때 필요한 것이 바로 글감이다. 주제에 맞는 글감은 주제를 정하는 일보다 범위는 작지만 쉬운 일이 아니다. 수많은 책을 읽어야 하고, 관련 논문도 찾아봐야 하고, 때로는 전문가를 직접 찾아가 인터뷰하거나 배우는 일도 해야 한다. 이 모든 자료를 일일이 머릿속에 저장할 수 있을까?

글을 쓰려고 적절한 단어를 고르는 일과 문장을 만드는 일 그리고 모은 글감을 기억에서 찾아내 논리적으로 배열하는 일은 글 쓰면서 계속 되풀이해야 하는 작업이다. 주제에서 벗어나지 않도록 신경 써야 함은 물론이고 각 장에 맞는 각각의 자료도 적절하게 떠올려야 한다. 이 모든 작업은 뇌가 작업대에 올려두고 해야 할 일들이다. 뇌가 해야 할 일이 늘어나면 늘어날수록 작업은 뒤죽박죽된다. 아무런 도움 없이 뇌의 순수한 능력에만 의지하면 좋은 글을 쓰기 어렵다.

부담을 덜면 뇌는 한두 가지 일에만 집중하면 된다. 이때 뇌는 가장 잘 작동하므로 글도 잘 써진다. 에너지를 필요한 곳에 쓰므로 효율도 그만큼 올라간다. 먼저 글 쓰는 행위 자체의 부담을 덜어야 한다. 어떻게 해야 할까? 초고에 너무 공을 들이지 말자. 단어 하나, 문장 하나에 신경 쓰지 말고 써야 한다. 초고를 다듬을 시간은 얼마든지 있다. 필요하면 글쓰기 책의 도움을 받아도 좋다. 내가 쓴 전작 〈SNS 문장 강화〉는 문장을 다듬을 때 어떻게 해야 하는지 도움을 준다. 물론 계속 책을 보며 다듬어서는 안 된다. 하지만 실력이 올라올 때까지 책의 도움을 받는다면 뇌는 한결 부담이 준다. 단어가 이상하거나, 문장이 길거나, 미사여구가 덕지덕지 붙어 있어도 고칠 시간과 방법이 준비되어 있다면 뇌는 부담을 이기고 앞으로 나간다.

글감을 모으는 일도 마찬가지다. 자료를 모으는 일을 뇌에 모두 맡기면 자료를 제대로 꺼내 쓰기 어렵다. 뇌의 저장 능력은 한계가 있다. 저장하는 일뿐만 아니라 끄집어내는 일도 마찬가지다. 이런 일에 뇌가 주의를 빼앗기면 좋은 글을 쓰기 어렵다. 에너지 소모가 많으므로 글 쓰는 데 온전히 집중하기 어렵다. 어떻게 해야 할까? 자료를 저장하고 분류하는 일을 뇌에 맡기지 말고 도구를 활용하자. 책을 읽거나 전문가를 찾아가 배울 때 노트와 카메라를 준비해야 한다. 책을 보다가 중요한 내용이 나오면 어떻게 해야 할까? 밑줄을 긋는 사람이 많은 데 이 방법보다 기록하는 편이 좋다. 단순한 밑줄 긋기는 책을 좀 더 빨리 읽는 데 도움을 줄지 모르지만 필요한 자료를 빨리 찾는

데는 도움이 되지 않는다. 밑줄을 긋기보다 한글이나 워드 파일에 직접 저장해 두는 것이 좋다. 이때 빼먹지 말아야 할 일이 있다. 책의 제목과 페이지를 반드시 적어두어야 한다. 남의 지식을 이용하려면 출처를 밝혀야 한다. 책의 제목과 페이지를 적어두지 않으면 나중에 큰 낭패를 볼 수 있다. 또한, 왜 이 내용을 적어두었는지 이유도 함께 써 놓아야 한다. 시간이 흐르면 자료를 남겨 둔 이유를 기억하지 못할 때가 있다. 힘겹게 찾아낸 자료를 활용하지 못한다면 그것처럼 안타까운 일도 없다. 글 쓰는 일이 여의치 않거나 부적절할 때는 사진을 찍어두자. 요즘은 누구나 스마트폰을 들고 다닌다. 스마트폰의 장점은 많지만, 그중에서도 카메라 기능은 무엇보다 좋은 장점이다. 뇌의 부담을 더는 데 유용한 도구이므로 적극적으로 활용하자. 법을 어기지 않는 한도 내에서 녹음하는 것도 훌륭한 저장 방법이다. 인터뷰할 때 양해를 구하고 녹음하거나, 갑자기 좋은 아이디어가 떠올랐을 때 기록할 것이 아무것도 없다면 녹음이라도 해 두어야 한다. 이 역시 스마트폰을 활용하면 된다.

이렇게 자료를 충분히 모았다면 분류작업을 해야 한다. 배우가 아무리 많아도 적절한 배역을 정해주지 않으면 아무 소용없듯이 자료도 많다고 쓸모 있는 것은 아니다. 자료가 글이 되려면 자료마다 걸맞은 배역을 소화하도록 역할을 정해 주어야 한다. 이 작업이 바로 분류작업이다. 자료를 펼쳐 놓고 주제나 구성에 맞게 잘 분류해야 한다. 이번 글에 모든 자료를 써야 한다는 생각도 버려야 한다. 모아둔 모든 자료를 글 하나, 책 한 권에 욱여넣으려 하지 말고 다음 글이나 다른 책을 쓸 때 활용하는 일도 생각해 두어야 한다. 내 노트북에는 글의 재료로 쓸 자료가 폴더별로 분류되어 있다. 나는 글 쓸 때 필요한 모든 자료를 폴더로 분류해 놓는다. 이미지나 동영상 파일도 준비한다. 이렇게 해 두면 뇌가 할 일이 절반 이하로 줄어들어 글 쓰는 일이 쉬워진다.

　뇌의 저장고에서 기억을 찾거나 자료를 뒤지는 일은 많은 에너지가 든다. 이 일에서 뇌를 벗어나도록 해주면 뇌는 그 만큼 에너지를 더 중요한 곳에 쓸 수 있다. 초고를 쓸 때 할 일은 문장의 어색함이나 문법의 올바른 사용에 에너지를 쓰는 게 아니라 오로지 이야기를 이어가는 일에 에너지를 쓰는 것이다. 내용을 전개할 때 할 일은 머리를 쥐어짜며 필요한 자료를 끄집어내는 일에 에너지를 쏟는 게 아니라 따로 모아 놓은 폴더에서 손쉽게 자료를 꺼내 쓰도록 준비하는 것이다. 뇌는 당신의 노력에 고마워하며 글을 이어나가는 데 최선의 노력을 기울인다. 고민하지 않아도 좋은 문장이 술술 나오거나, 주제를 정하고 필요한 소재를 자유자재로 기억해 내는 일이 어렵지 않은 자질을 선천적으로 물려받지 않았다면 뇌의 부담을 덜어 주는 일부터 시작해야 한다. 뇌의 부담을 덜 준비가 끝났다면 좋은 글을 쓸 일만 남았다고 생각해도 좋다.

연결 아이디어를 내가 아는 것과 연결하여 글로 풀어내라

글 쓰는 사람에게 번뜩이는 생각이 떠오르는 순간은 흔치 않은 축복이다. 매번 이런 일이 일어나면 글쓰기는 어렵지 않을 것이다. 그렇지 않으므로 글쓰기는 힘들고 어렵다. 흔치 않은 기회가 찾아오면 절대 놓치지 말아야 한다. 때로는 길을 걷다가, 때로는 운동을 하다가, 때로는 꿈속에서 기발한 생각이 떠오른다. 이때 수단과 방법을 가리지 말고 저장해야 한다. 그렇지 않으면 정보는 순식간에 사라진다.

어렵게 찾아온 축복이 쉽게 사라지는 이유는 무엇일까? 순간의 포착이 영원하다면 얼마나 좋을까? 외부 정보를 내 안에 저장하려면 '반복'이 중요하다. 한 번 떠올린 것만으로는 정보를 내 것으로 만들기 어렵다. 더 쉬운 방법은 없을까? 정보를 쉽게 저장하려면 이미 존재하는 신경 연결의 도움을 받아야 한다. 새로운 정보와 이미 저장해 두었던 정보와의 연관성은 정보가 저장되는 데 중요한 요인으로 작용한다. 예를 들어 강아지와 함께 자란 아이는 동물원에서 처음 보는 늑대를 쉽게 기억한다. 단 한 번으로 기억하는 일도 가능하다. '늑대'라는 이름과 외모 모두 말이다. 늑대는 개과 동물로 개와 구별하기 힘들 정도로 비슷하다. 아이의 뇌 안에 이미 개와 관련한 신경망(뉴런 연결)이 만들어져 있으므로 늑대를 저장하는 일은 쉽다. 만약에 아이가 코알라를 처음 보았다면 어떨까? 늑대만큼 쉬울까? 그렇지 않다. 늑대보다 어렵다. 코알라를 떠올릴만한 그 어떤 신경망도 없기 때문이다. 코알라를 기억하려면 아이는 반복해서 코알라를 봐야 한다.

갑자기 떠오른 기막힌 생각은 독특하고 새롭다. 뇌 안에 없던 정보다. 어떤 신경망과도 연결하기 어려운 정보를 오래 붙들려면 재빨리 기록하는 방법 외에는 없다. 생각은 늑대나 코알라처럼 실체가 없으므로 눈에 보이는 무언가로 전환해야 기억하기 쉽다. 그것도 아주 빠르게 말이다. 집에 가서 적어놓기로 하고 시간을 보내면 집에 도착할 무렵이면 대부분 사라지고 없다. 단기기억의 한계다. 아무리 생각해내려고 머리를 쥐어짜도 떠오르지 않는다. 이때 조금이라도 뇌 안의 신경망과 관련이 있는 내용이었다면 떠올릴 수도 있다. 하지만 그렇지 않다면 불가능하다. 기록만이 최선의 답이다.

기록이 모든 것을 해결해 줄까? 애석하게도 그렇지 않다. 아무리 꼼꼼하게 적어두고 깔끔하게 폴더로 분류해 놓았다고 해도 처음 떠올랐을 때의 신선함을 따라오지 못한다. 시간이 흐른 다음 기록을 보면 어디에 써먹으려고 기록해 놓았는지조차 생각나지 않을 때도 있다. 자료의 활용도가 절반 이하로 떨어진다. 뉴런 연결의 공고함은 반복 사용에 있다. 한 번 보고 기록만 해 둔 상태로는 뉴런 연결의 공고함을 기대하기 어렵다. 더군다나 기록 자체는 뉴런과 아무 관련이 없다. 그저 뇌가 할 일을 덜어 준 것에 불과하다. 기록한 순간을 떠올릴 수는 있지만, 공고한 신경망은 없다. 아주 흐릿한 정보만 기억하고 있을 뿐이다. 신선함이 떨어지는 이유다.

너무 오래 방치한 자료는 오히려 글 쓰는 일을 방해한다. 어떻게 활용해야 할지, 그때 떠올랐던 기막힌 아이디어가 무엇이었는지 생각해 내려고 애쓰는 일은 에너지를 소모한다. 에너지를 덜려고 한 일이 에너지를 더 쓰도록 하는 상황으로 변해버린다. 이런 기록은 없느니만 못하다. 물고기가 가장 신선할 때는 갓 잡아 올렸을 때다. 아이디어도 마찬가지다. 좋은 생각이 떠올랐다면 최대한 빨리 써야 한다. 노트북이나 노트를 펼쳐놓고 짧은 이야기 한 편을 써라. 이 과정은 뉴런 연결을 공고히 하는 과정이기도 하다. 아이디어를 내가 아는 것과 연결하여 글로 풀어내는 순간 튼튼한 뉴런 연결이 생긴다. 이 신경망은 사라지지 않으며 글 쓸 때 소중한 자료가 된다.

강아지와 함께 자란 아이가 늑대를 쉽게 기억하듯이 어렵게 찾아온 기막힌 생각을 쉽게 잡아두려면 뇌 안에 많은 경험과 지식이 있어야 한다. 신경망이 많으면 많을수록 새로운 정보를 이어붙이기 쉽다. 글을 쓰는 사람이라면 주위에서 일어나는 사소한 일에 주의를 기울여야 한다. 남들이 보기에 아무렇지 않은 일이라도 신경을 써야 한다. 해가 지고 뜨는 일, 자전거를 타고 지나가는 어르신, 널어놓은 빨래를 걷는 사람, 강아지와 산책을 나온 학생, 건널목을 건너는 직장인, 줄지어 나타난 개미군단, 장을 보는 엄마와 따라 나온 아이, 술에 취해 비틀거리는 연인, 사이렌을 울리며 지나가는 소방차, 허락받지 않고 주차한 차량에 경고 스티커를 붙이는 경비아저씨까지 사소한 일이 무엇이든 머릿속에 담아 두어야 한다.

독서는 작가에게 소중한 뉴런 연결의 기회를 제공한다. 글을 쓰는 사람이라면 독서는 밥을 먹는 것처럼 빼먹지 말고 해야 할 일이다. 독서를 많이 하면 어떤 생각이나 아이디어도 쉽게 놓치지 않는다. 기발한 아이디어는 갑자기 떠오르기도 하지만 글을 쓰다가도 떠오른다. 가장 원하는 순간이다. 더없이 좋은 기회다. 이때 독서를 많이 한 사람이라면 손쉽게 이야기로 녹여낸다. 반대로 책을 많이 읽지 않았다면 글을 쓰는 순간이라도 활용하지 못한다. 글쓰기를 멈추고 곰곰이 생각하며 시간을 보내야 한다. 아니면 다음을 기약하며 어딘가에 기록해 두는 것이 고작이다. 이렇게 아까운 기회를 놓치고 만다. 독서의 양과 좋은 글은 정비례한다.

여행도 신경망을 늘리는 좋은 활동이다. 새로운 경험은 전두엽이 좋아하는 일이다. 물론 좋은 경험에 한해서다. 처음 가보는 황홀한 장소는 영감을 준다. 생각하지 못했던 아이디어가 샘솟는 소중한 기회다. 노트북이나 태블릿 아니면 수첩이라도 준비하고 다녀야 한다. 언제 어느 때고 좋은 생각이 떠오르면 적당한 장소를 찾아서 글을 써야 한다. 짧은 글이라도 좋다. 단순한 기록이 아니라 짤막하더라도 이야기로 풀어 써야 한다. 뇌 안에 이미 존재하는 신경망을 활용하여 글을 써두면 오래 간직할 수 있다. 단기기억이 특별한 장소와 연결될 때 장기기억으로 넘어가기 쉬워진다. 뇌는 정보를 저장하는 데 도움을 주는 것이라면 무엇이든 활용한다. 그런 의미에서 기억에 남을 만한 물건이나 장소는 최고의 협력자다.

작가는 책상에 가만히 앉아 글만 쓰는 사람이 아니다. 작가는 엉덩이가 무거워야 한다는 말은 바꾸어야 한다. 엉덩이는 무거울 때 무거워야 하지만 가벼워야 할 때는 가벼워야 한다. 부지런히 움직이며 공부하고 경험해야 한다. 언제 어떤 생각이 떠오르더라도 활용할 준비를 해야 한다. 〈오래 하는 힘〉을 쓸 때 책도 많이 봤지만, 주변 상황이나 사람들의 행동을 유심히 관찰했다. 저 사람은 왜 저런 행동을 하는지 뇌와 관련하여 생각하는 일이 하루 중 가장 중요한 일일 정도로 모든 일을 뇌와 관련지어 생각했다. TV를 보다가도 뇌와 관련한 이야기가 나오면 귀를 쫑긋 세웠다. 내가 공부한 내용을 적용할 만한 장면이 나오면 잽싸게 노트북을 꺼내 이야기로 남겼다. 대표적인 예가 〈오래 하는 힘〉 안에 녹아 있다. '라면에서 화장품 냄새가 나는 이유'라는 챕터에서 예로 든 TV 프로그램의 한 장면이 그것이다. 궁금하다면 읽어보기 바란다.

〈장미의 이름〉을 쓴 유명한 작가이자 기호학자이며 동시에 훌륭한 사상가였던 움베르토 에코는 작가들이 어떤 영감에 쫓기면서 단숨에 써 내려갔다고 하는 말은 모두 거짓이라고 하면서 '천재는 1%

의 영감과 99%의 땀으로 이루어진다'라는 말이야말로 진실이라고 했다. 이 말에 100% 동의한다. 하지만 때로는 1%의 영감이 중요할 때도 있다. 영감이 찾아오면 반기지 않을 사람은 없다. 중요한 점은 어렵게 찾아온 영감을 잡느냐 놓치느냐다. 기회가 온 줄도 모르고 지나쳐버리는 사람이 있는가 하면 찾아온 기회를 놓치지 않고 활용하여 인생의 전환기를 맞는 사람도 있다. 영감이 찾아와도 모르고 지나치는 사람이 되지 않으려면 영감을 받아들일 준비가 되어 있어야 한다. 어떤 준비를 할지는 자신에게 달렸다.

보상　도파민의 작용을 이해하면 글쓰기는 쉬워진다

　의식의 흐름에 따라 살지 않으려면 집중할 목표가 있어야 한다. 목표의식은 집중력을 높여 쓸데없는 곳에 에너지를 쓰지 않도록 한다. 하지만 목표의식만이 집중력을 올리는 유일한 방법은 아니다. 뇌를 알면 헤매는 일 없이 빠른 길을 찾을 수 있다. 뇌가 어떻게 작동하는지 이해해야 좋은 글을 쓴다.

　뇌가 정보를 주고받는 방식을 이해하면 집중력을 높이는 또 하나의 방법을 발견할 수 있다. 정보는 뇌세포인 뉴런과 뉴런 사이를 건넌다. 무엇이 정보를 한 뉴런에서 다른 뉴런으로 전달할까? 이미지든 감각이든 정보가 뇌로 들어오면 모두 같은 형태로 바뀐다. 바로 이온화다. 이온은 정보를 담은 그릇이며 전기를 띠는 원자다. 뉴런 간의 대화는 모두 전기 신호로 이루어진다. 전기 신호로 바뀐 정보는 뉴런의 몸통을 따라 흘러 말단에 도착한다. 다음 뉴런으로 건너갈 선착장에 도착한 것이다. 선착장이라는 말이 생소하게 들릴지 모르지만 가장 적절한 표현이다. 뉴런과 뉴런 사이에는 틈이 있다. 독일이나 프랑스에서 영국으로 가려면 바다를 건너야 하듯이 뉴런 사이에도 건너야 할 바다가 있다. 물론 이 바다는 우리 눈에 보이지 않을 정도로 작지만 말이다. 이 조그만 바다를 시냅스라 부른다. 선착장에는 바다를 건너게 해줄 배들이 모여 있다. 이 배들 가운데 한 녀석을 눈여겨봐야 한다. 배의 이름은 각기 다르다. 어떤 녀석은 세로토닌이라 부르고 어떤 녀석은 아드레날린이라고 부른다. 또 어떤 녀석은 엔도르핀이라고 부른다. 이렇게 다양한 이름의 배들 가운데 우리가 찾는 녀석의 이름은 도파민이다. 이 배들을 신경전달물질 또는 화학물질이라 한다. 화학물질이 건너편 선착장에 무사히 도착하면 뉴런의 임무는 끝난다.

화학물질의 역할은 정보의 전달이라는 점에서 모두 같지만 어떤 정보를 전달하느냐는 화학물질의 종류에 따라 다르다. 그중에서도 도파민은 가시를 숨기고 있는 장미꽃과 같다. 도파민을 잘 다루면 아름다운 일이 생기지만, 함부로 대하면 다칠 각오를 해야 한다.

도파민은 화학물질 가운데 가장 잘 알려진 녀석이다. 뇌의 구조나 작동방식은 몰라도 도파민이라는 이름은 낯설지 않다. 그 이유는 무얼까? 그 어떤 화학물질보다 우리 삶에 많은 영향력을 끼치는 화학물질이기 때문이다. 도파민이 숨기고 있는 가시는 다양한 모습으로 우리를 괴롭힌다. 알코올중독이나 마약중독 그리고 쇼핑중독과 담배를 피우고 싶다는 욕망 모두가 도파민과 관련이 있다. 도박중독 역시 마찬가지다. 도파민은 욕망과 충동을 지배하는 화학물질이다. 과도한 집착이 부른 부작용이 바로 도파민의 가시다.

도파민이 숨기고 있는 가시를 이해하면 도파민의 역할이 무엇인지 알게 된다. 도파민의 가시인 집착을 순화시켜보라. 어떤 단어가 떠오르는가? 집착의 전 단계는 바로 집중이다. 지나치게 집중하면 집착으로 바뀐다. 역사상 가장 뛰어난 그룹으로 평가받는 '비틀즈'의 멤버였던 존 레논은 집착의 희생양이 되었다. 그는 자택에서 스토커의 총을 맞고 생을 마감했다. 집착은 화를 부른다. 무엇이든 적당히 좋아해야 즐길 수 있다.

집중력 없이 어떤 일을 해내기란 불가능하다. 도파민은 어떤 일에 주의를 기울여야 할 때 필요한 화학물질이다. 물론 집착 단계까지 가서는 안 된다는 조건이 달린다. 그렇게 할 수만 있다면 도파민은 우리를 성공으로 이끈다. '주의력결핍 과다행동장애'라고 불리는 ADHD도 도파민과 밀접한 관련이 있다. 도파민이 부족하면 주의력이 떨어진다. 일상에서 벌어지는 모든 일은 크든 작든 나를 자극한다. 자극 가운데 하나를 선택하려면 도파민의 작용이 있어야 한다. 도파민이 부족하면 어떤 일에 흥미를 느끼려고 해도 마음대로 되지 않는다. 이처럼 도파민은 우리 일상과 가까이 붙어 있다.

유명한 원숭이 실험을 통해 도파민이 하는 일이 무엇인지 좀 더 알아보자. 연구팀은 원숭이가 보는 앞에서 맛있는 바나나를 접시 두 개 가운데 하나에 올려놓았다. 그리고 접시를 상자로 덮었다. 원숭이의 주의를 흐트러뜨리기 위해 연구팀은 원숭이를 잠시 안으로 데려갔다가 다시 데리고 나왔다. 원숭이는 바나나가 담긴 접시를 기억해 냈을까? 원숭이는 잠깐의 고민도 없이 정확하게 바나나가 담긴 접시의 상자를 들어내고 바나나를 맛있게 먹었다. 얼마 후 연구팀은 도파민 분비를 억제하는 약물을 투여한 원숭이로 같은 실험을 진행했다. 이번에도 바나나를 정확하게 찾아낼 수 있었을까? 불행하게도 도파민의 도움을 받지 못한 원숭이는 바나나에 흥미를 느끼지 못했다. 이번에는 원숭이에게 도파민을 분비하는 것과 똑같은 효과를 내는 약물을 투여했다. 그리고 다시 실험을 진행했다. 그러자 원숭이는 능숙하게 바나나를 찾아냈다. 이 실험으로 알 수 있는 점은 바나나에 집착하도록 원숭이를 이끈 것은 도파민이라는 사실이다.

도파민의 작용을 이해하면 글쓰기는 쉬워진다. 도파민의 작용을 촉진하는 방법을 연구하면 집중력이 올라가고 그만큼 좋은 글을 쓸 수 있다. 어떤 방법이 좋을까? 좋은 방법 가운데 하나는 적절한 보상이다. 초등학교 1학년 때 담임선생님은 이 방법으로 학생들의 학업 능력을 높여주었다. 받아쓰기시험에서 90점 이상을 받으면 스티커를 주셨다. 이 스티커로 벽에 붙여 놓은 포도 그림의 포도알갱이를 다 채우면 노트나 연필을 선물로 주셨다. 100점을 맞으면 많은 학생이 보는 앞에서 업어주셨다. 나는 100점을 맞으려고 열심히 노력했다. 덕분에 선생님의 따뜻한 등에 자주 업혔다.

도파민이 무슨 일을 하는지 몰라도 잘 활용하는 사람이 있다. 이들은 도파민의 작용을 이용해 돈을 번다. TV 홈쇼핑이나 마트에서 진행하는 1+1 행사는 도파민을 자극하는 대표적인 방법이다.

하나를 사면 하나를 더 주는 행사는 도파민 분비를 촉진한다. 집중력을 높인다. 한술 더 떠 두 개를 준다고 하면 어떨까? 마트에 모인 사람들의 주의를 쉽게 끌 수 있다. 싱싱한 채소를 고르던 가정주부도, 생선의 신선함을 평가하던 이웃집 아저씨도, 심지어 계산대에서 일하던 직원조차 일을 멈추고 시선을 빼앗긴다. 어떤 사람은 아이의 손을 놓는 한이 있더라도 행사상품은 놓치지 않겠다는 놀라운 집중력을 보인다.

도파민 분비를 촉진하여 글을 쓰고 싶다면 어떤 보상을 준비해야 할까? 평소에 사고 싶은 물건을 떠올려 보라. 사야 할 이유나 근거는 부족하지만, 갖고 싶었던 물건을 떠올려야 한다. 필요하진 않지만 나를 즐겁게 해주는 물건, 돈을 쓰기에는 아깝지만 꼭 가지고 싶었던 물건이야말로 도파민을 자극할 좋은 보상이다. 보상으로 주어질 물건을 정했다면 책상 앞에 앉아라. 목표를 정하라. 한 달 동안 하루도 빠짐없이 스스로 정한 목표를 완수했다면 즐거운 마음으로 쇼핑하러 나가라. 이제 근거가 마련되었으니 당신은 그 물건을 가질 충분한 자격을 얻었다.

도파민은 보상을 정해놓고 일을 시작할 때 그리고 목표를 완수했을 때 가장 많이 분비된다. 보상이 채워지면 도파민 분비는 다시 정상으로 돌아간다. 도파민의 도움을 계속 받고 싶다면 새로운 목표와 새로운 보상을 준비해야 한다. 하지만 주의할 점이 있다. 보상이 집착의 단계로 넘어가서는 안 된다. 집착의 단계에서는 글쓰기가 더 어려워진다. 글쓰기보다 보상에 집착하는 순간 글쓰기는 형식적인 절차로 전락한다. 당연히 좋은 글을 쓰기 어렵다. 또한, 보상의 기간도 점점 짧아진다. 한 달에서 20일, 15일, 10일로 점차 간격이 줄어든다. 보상품의 가격도 점점 올라간다. 집착에 빠지면 악순환의 고리가 만들어지고 헤어 나오기 힘든 지경에 이른다. 마약중독과 알코올중독만이 치료해야 할 중독은 아니다. 이렇게 되면 보상을 하지 않는 것만 못하다. 보상을 준비하되 기간과 가격을 정해 철저하게 지켜야 한다. 이를 잊어서는 안 된다. 물질적인 것만이 보상은 아니다. 보상은 정하기 나름이다. 분명한 점은 어떤 보상이든 도파민 분비를 촉진한다는 사실이다.

도파민은 써주기를 기다린다. 어떤 방식으로 사용하든 그것은 오로지 자기 자신에게 달렸다. 적절한 도파민 분비는 글쓰기에 큰 도움을 준다. 신이 준 선물인 뇌가 하는 일을 이해하면 할수록 좋은 결과가 기다린다. 지금 당장 도파민을 불러낼 적절한 보상을 생각하라. 1+1 행사에 모여드는 사람들처럼 그 어느 때보다 빠르게 책상에 앉게 될 것이다.

2

작
가
의
뇌

작가의 뇌

겸손 냉혹하고 솔직한 비평에 귀를 기울여야 한다

자기가 쓴 글을 객관화하여 보는 일은 쉽지 않다. 남이 쓴 책을 서점에서 살 때 얼마나 심사숙고하는지 잘 생각해 보기 바란다. 비슷한 내용의 책이 여러 권 있을 때 아무 책이나 고르지 않을 것이다. 만오천 원이라는 돈을 쓰는 일은 나를 냉정하고 객관적인 사람으로 바꾼다. 내용뿐만 아니라 문장 하나에도 주의를 기울인다. 자그마한 오탈자나 이해하기 어려운 문장, 그리고 공감하기 힘든 내용까지 뇌는 내가 책에 돈을 쓰지 말아야 하는 이유를 꼼꼼하게 찾는다.

이번에는 글을 쓸 때 자기 모습을 떠올려보자. 초고를 끝내고 퇴고까지 마친 글을 볼 때면 뿌듯하고 기쁘다. 여느 작가 못지않게

좋을 글을 썼다는 자신감이 넘친다. 누가 나에게 작가라고 불러도 부끄럽지 않은 유일한 순간이다. 하지만 이는 어디까지나 혼자만의 착각이다. 다 쓴 원고를 출판사에 투고하거나 내 글을 객관화해서 볼 수 있는 지인에게 보여줘 보라. 기대와 다른 반응에 실망하거나 의기소침해질지도 모른다.

뇌는 두 가지 시나리오로 움직인다. 첫 번째 시나리오는 심사숙고하기보다는 직감이나 본능에 의지하는 방식이다. 이 방식은 주관적이며 이기적이고 개인적이다. 그 이유를 알려면 이 시나리오가 어떻게 다져져 왔는지 알아야 한다. 오랜 옛날 우리 조상은 자연으로부터 살아남는 일을 제일 중요한 목표로 삼았다. 그들이 살던 시대는 빠른 판단을 내려야 살 확률이 높은 시대였다. 생각하는 시간이 길면 살아남기 어려운 자연환경이었으므로 심사숙고하던 인류는 금방 사라졌다. 오로지 잠깐 생각하고 빨리 행동하는 인류만 살아남았다.

뇌는 첫 번째 시나리오를 자동화했다. 풀숲에 숨어 있을 때 바스락거리는 소리가 들리면 도망치느냐, 맞서 싸우느냐 중에 하나를 재빨리 골라야 했다. 이 판단은 죽느냐 사느냐를 가르는 중요한 열쇠였다. 깊이 생각하는 두 번째 시나리오는 아무 쓸모가 없었다. 내가 쓴 글이 그럴듯하게 보이는 이유는 바로 첫 번째 시나리오 때문이다. 첫 번째 시나리오가 중요하게 여기는 것 하나는 나 자신이다. 나를 위협하는 모든 것들로부터 나를 보호하는 일이 최우선이다. 그러려면 먼저 자기 자신을 우호적으로 생각해야 한다. 자기가 쓴 글이 그럴듯하게 보이는 이유다.

책을 살 때 작동하는 시나리오는 두 번째 시나리오다. 돈을 쓰는 일은 유쾌한 일이 아니다. 뇌는 자칫 불쾌해지기 쉬운 소비를 위협적인 일로 받아들인다. 따라서 첫 번째 시나리오가 움직여야 한다. 그런데 왜 두 번째 시나리오가 움직일까? 두 번째 시나리오는 첫 번째 시나리오 덕분에 태어났다. 인류가 처음 세상에 모습을 드러냈을 때는 깊이 생각하는 과정은 쓸모가 없었다. 시간이 흐르고 농경시대로 접어든 인류가 정착생활을 하면서 천천히 생각하는 일이 중요해지기 시작했다. 위협에 대응하는 방식에 하나가 더 추가되어야만 했다. 바로 깊이 생각하고 논리적으로 따져보는 새로운 시나리오다.

맹수의 위협에 시달리며 생존해야 했던 시대는 끝나고 급하게 움직이면 오히려 손해를 보는 일이 많아지는 시대가 찾아왔다. 위협을 물리치는 반응에 심사숙고하는 과정이 새롭게 추가되었다. 돈을 써서 책을 사는 행동은 자그마한 위협이다. 이 위협을 슬기롭게 이겨내려면 서두르는 방식보다 심사숙고하는 방식이 적합하다. 이때 뇌는 두 번째 시나리오를 꺼내 든다. 두 번째 시나리오는 직감이나 본능이 아닌 집중하고 꼼꼼하며 논리적으로 따지는 방식이다. 현명하게 생각해서 쓴 돈은 위협적인 일이 아니라 즐거운 소비생활이다. 두 번째 시나리오는 객관적이고 이성적이며 논리적인 성향이 강하다. 남이 만든 창조물을 바라보는 뇌가 작동하는 방식이다.

다른 사람이 자신이 쓴 글을 지적할 때 기분 좋아할 사람은 없다. 심지어 자기가 쓴 글을 봐달라고 부탁한 사람도 글의 오류를 지적하면 달가워하지 않는다. 언제나 그런 것은 아니지만 대부분 뇌의 두 시나리오 가운데 첫 번째 시나리오가 두 번째 시나리오보다 빨리 반응한다. 내가 쓴 글에 문제를 지적하면 지적한 내용과 상관없이 기분이 나쁘다. 뇌는 나를 제일 중요한 존재로 여긴다. 자존심이라고 부르는 감정은 뇌의 이러한 특성에서 나온 본능적인 자기보호 반응이다.

자기보호 본능을 뛰어넘는 일은 생각보다 중요하다. 첫 번째 시나리오의 참견을 막지 못하면 좋은 글을 쓸 확률은 줄어든다. 자신의 글을 지적하는 모든 사람을 적으로 돌리면 발전은 없다. 글 쓰는 사람이 가장 중요하게 여겨야 할 덕목은 바로 겸손이다. 겸손은 자기보호 본능을 거슬러야 하므로 쉽지 않은 행동이다. 쉽지 않다는 말은 에너지를 많이 써야 한다는 말과 같다. 자기 생각을 굽히지 않는 일과 자기 생각을 굽히는 일 가운데 어떤 일이 더 힘든지 생각해보면 겸손함이 얼마나 어려운 행동인지 가늠할 수 있다.

쉽지 않다는 말은 해내기만 하면 얻을 것이 많다는 뜻과 같다. 내가 쉽지 않으면 다른 사람도 쉽지 않다. 결국, 성공은 모두가 해내기 어려운 일을 해내는 사람에게 돌아간다. 겸손한 행동이 힘들지 않다면 성공에 한 발짝 더 가까워졌다고 생각해도 좋다.

겸손해졌다면 냉혹하고 솔직한 비평에 귀를 기울여야 한다. 이는 불행한 일이 아니라 값진 선물을 받는 일이다. 자기가 쓴 글의 문제점을 안 것만으로도 좋은 글을 쓰는 지름길을 발견한 것이다. 문제점을 알았다면 고치는 일만 남았다. 어떻게 고쳐야 할까? 두 번째 시나리오를 꺼내야 한다. 여기서 중요한 점은 첫 번째 시나리오가 아무 소용 없다는 사실을 뇌가 인식하도록 하는 것이다. 그래서 차선책인 에너지를 덜 쓰는 단계, 다시 말해 자동화하는 단계를 선택하도록 해야 한다.

초고를 끝냈다면 다시 처음으로 돌아가야 한다. 이때 두 번째 시나리오의 전원을 켠다. 논리적이고 이성적이며 꼼꼼한 두 번째 시나리오는 나의 글을 빛나게 하는 최고의 수단이다. 이때 첫 번째 시나리오는 좀처럼 틈을 찾지 못한다. 두 번째 시나리오를 계속 쓰면 쓸수록 뇌는 첫 번째 시나리오를 포기하는 쪽으로 가닥을 잡는다. 여기서 흐트러지지 말고 박차를 가해 두 번째 시나리오를 계속 쓰면 뇌는 에너지를 덜 쓰는 자동화의 불을 켠다. 시간이 흐르면 이제 고치고 수정하는 일이 어렵거나 힘들지 않다. 심지어 초고를 쓸 때부터 고칠 것이 별로 없는 좋을 글을 쓴다. 물론 두 번째 시나리오를 부지런히 활용해야 가능한 일이다.

문제점을 찾는 일과 문제점을 고치는 일 모두 중요하다. 문제점을 찾았으나 자존심 때문에 받아들이려 하지 않거나 외면하면 두 번째 시나리오는 영원히 작동하지 않는다. 첫 번째 시나리오로도 글을 쓸 수 있지만 흔한 일은 아니다. 타고난 재능으로 이런 일이 가능한 사람도 있지만 그런 행운은 아무에게나 찾아오지 않는다. 대부분 두 번째 시나리오를 꺼내야 좋은 글을 쓸 수 있다. 헤밍웨이도 톨스토이도 괴테도 그러했다. 겸손한 마음으로 문제점을 발견하고 문제점을 놓치지 않고 바로잡는 일은 글쓰기의 기본 중의 기본이다.

레오나르도 다빈치는 그림 하나를 수십 년 동안 그렸다. 그가 의뢰인에게 건넨 완성작은 몇 작품 되지 않는다. 세계적인 걸작 가운데 하나인 모나리자도 의뢰인에게 건네지 못했다. 모나리자는 레오나르도 다빈치의 유품으로 발견되었다. 왜 그랬을까? 레오나르도 다빈치는 죽을 때까지 두 번째 시나리오를 켜두었다. 첫 번째 시나리오만으로 빠르게 그림을 완성하지 않았다. 레오나르도 다빈치는 자기가 그린 그림에 문제점이 하나라도 발견되면 작업을 멈췄다. 그리고 그 문제가 해결될 때까지 연구하고 또 연구했다. 그가 두 번째 시나리오를 써서 심사숙고한 기간은 작품에 따라 다르지만, 최소 몇 년에서 최대 몇십 년에 이르렀다. 두 번째 시나리오를 그처럼 오래 쓴 사람을 나는 아직 보지 못했다. 위대한 천재도 이럴진대 평범한 재능을 가진 사람은 두말할 것도 없다.

자기 자신을 완벽하게 객관화하기는 어렵지만, 겸손한 마음으로 받아들이고 수용하는 일은 얼마든지 가능하다. 나는 이 길만이 좋은 글을 쓰는 유일한 지름길임을 한 번도 의심해 본 일이 없다.

　라틴아메리카를 대표하는 3명의 작가 가운데 한 명인 페루 출신의 마리오 바르가스 요사는 "소설 한 권을 마치는 데 3년에서 4년이 걸립니다. 저 스스로 의심하면서 많은 시간을 보냅니다. 세월이 흐른다고 전혀 나아지지 않는답니다. 오히려 점점 더 자기 비판적이 되지요."라고 말했다. 수십 년 책을 쓰고 대중에게 인정받은 작가조차 끊임없이 자기를 시험하고 의심한다. 겸손한 마음가짐은 기한이 없다. 진정한 작가라면 죽을 때까지 가지고 가야 한다.

잡음 글쓰기를 우선순위로 삼아야 한다

살다 보면 많은 일을 겪는다. 감정은 하루에도 여러 번 바뀐다. 기쁘다가도 화가 나고, 슬프다가도 즐거운 일이 생긴다. 부부 문제, 자녀 문제, 돈 문제, 부모와의 갈등, 친구와의 갈등, 회사 동료와의 갈등을 비롯한 나를 둘러싼 다양한 환경에서 처리해야 할 복잡한 일들이 넘쳐난다. 사람이라면 누구나 겪는 일이며 벗어나기 어렵다.

뇌는 이 모든 복잡한 상황을 처리하는 데 많은 에너지를 쓴다. 에너지를 써야 하는 괴롭고 힘든 일도 있지만, 에너지를 채우는 기쁘고 즐거운 일도 있다는 점은 그나마 다행스럽다. 하지만 에너지를 써야 하는 복잡한 상황이 그렇지 않은 평온한 상황보다 더 길게 더 자주 우리를 찾아온다. 그 이유는 불안을 감지하는 뇌가 잘 발달해 있기 때문이다. 감정의 뇌인 중뇌와 변연계는 역사가 깊다. 이 영역이 했던 역할이 바로 공포와 불안을 탐지하는 일이다. 나를 위협하는 많은 일들로부터 나를 지켜온 이 영역은 오랫동안 인류를 지탱해 왔다.

글을 쓰려면 각오를 단단히 해야 한다. 매일 평화로운 조건에서 글을 쓰기 어렵다. 어떤 날은 아무 일 없다가도 어떤 날은 예기치 못한 일이 벌어진다. 삶은 끊임없이 움직이는 하나의 유기체다. 글 쓰는 데 써야 할 에너지를 다른 일에 써버리면 좋은 글을 쓰기 어렵다. 좋은 글을 쓰려고 생활하는 장소와 글 쓰는 장소를 따로 나누거나 짐을 싸들고 산으로 들어가는 작가를 심심치 않게 발견한다. 창작은 기쁨보다 고통이 따르는 일이다. 〈얼음과 불의 노래〉(왕좌의 게임)의 작가 조지 RR. 마틴은 작업만 하는 용도의 집을 따로 한 채 마련했다. 작가 정유정은 〈28〉을 집필할 때 지리산으로 들어갔다. 축구 스타 리오넬 메시는 앞집이 시끄럽다는 이유로 그 집을 통째로 사버렸다. 이들은 모두 쓸데없는 곳에 에너지를 쏟지 않겠다는 의지를 드러냈다.

여유만 있으면 한적한 곳에서 아무 근심 없이 글만 쓰고 싶다는 바람은 누구나 있다. 하지만 현실은 그렇지 못하다. 한가로이 글만 쓰며 살도록 내버려 두지 않는다. 우리는 매일 글쓰기와 신경 써야 할 다른 일 사이에서 줄타기를 해야 한다. 글을 쓰려고 책상에 앉는 순간 반갑지 않은 곳에서 전화가 오고 친구가 돈을 빌리러 찾아온다. 회사에서 미처 끝내지 못한 일들이 나를 괴롭힌다. 아이가 아프기라도 하면 글쓰기는 뒷전으로 밀려난다. 글 쓰는 일로 자리를 잡았다면 모르지만 그렇지 않다면 글쓰기 외의 다른 일과 글쓰기 사이를 오가는 험난한 싸움을 해야만 한다.

한 손으로 우는 아이를 달래며 다른 한 손으로 논문을 쓴 사람이 있다. 아내와의 이혼문제, 장남과의 불화, 둘째 아들이 정신 질환을 앓던 상황에서 세계 최고의 논문을 준비한 사람이 있다. 바로 아인슈타인이다. 그는 타고난 집중력으로 위대한 물리학자가 되었다. "나의 강점은 어떤 상황에서도 해야 할 일은 한다는 것이다."라고 아인슈타인은 자신을 평가했다. 부러운 일이다. 세상은 불공평한 일로 가득하다. 남에게 없는 능력을 갖추고 태어나는 일은 하늘이 준 축복이다. 불행하게도 이런 재능을 타고난 사람은 소수다. 대부분은 주위에서 일어나는 자극에 휩쓸린다.

아인슈타인처럼 에너지를 자기가 쓰고 싶은 곳에 쓰는 재능을 타고나지 못했다면 어떻게 해야 할까? 에너지를 효율적으로 쓰려고 노력해야 한다. 지금 하는 일 가운데 가장 중요한 일을 글쓰기라고 생각해야 한다. 그렇지 않다면 글 쓰는 일을 포기하는 편이 낫다. 글쓰기를 부업 정도로 생각하면서 좋은 글이 나오기를 바라는 것은 지나친 욕심이자 어이없는 착각이다. 글쓰기는 생각처럼 쉬운 일이 아니다. 이 점을 명심해야 한다. 글쓰기를 최우선으로 두지 않으면 절대 좋은 글을 쓰지 못한다.

회사 일로 바쁘고 가정사가 복잡하더라도 글을 쓰려고 마음먹었다면 글 쓰는 일을 우선으로 생각해야 한다. 에너지를 아끼고 아껴서 글 쓰는 데 쓰려고 노력해야 한다. 글쓰기는 높은 사고력이 필요한 대표적인 활동이다. 따라서 직장생활이나 다른 일로 에너지를 골고루 나누어 써야 하는 상황에서 좋은 글을 쓰기란 어려운 일이다.

복잡한 일이 생겼더라도 모두 뒤로 미뤄두어야 한다. 에너지를 골치 아픈 일에 먼저 쓰지 말고 글 쓰는 데 써라. 뒤를 돌아봐서는 안 된다. 에너지가 충만할 때 써야 한다. 그렇지 않다면 차라리 펜을 놓고 다른 일을 해라. 얼마 남지 않은 에너지를 쥐어짜서 억지로 쓴 글은 시간이 지나면 모두 버려야 한다. 차라리 글을 쓰지 않은 편이 낫다.

아무것도 하지 않고 가만히 있을 때 뇌는 내면을 탐색한다. 골치 아픈 일을 꺼낸다. 생각이 꼬리를 물고 번진다. 다른 안 좋은 일까지 불꽃이 튄다. 별의별 생각이 도미노처럼 이어진다. 머리가 복잡하거나 안 좋은 일이 생겼을 때 혼자만의 시간을 가져서는 안 된다. 책상에 앉아 글을 써라. 에너지를 글 쓰는 일에 써라. 글을 쓰고 나면 골치 아픈 일에 쓸 에너지도 바닥난다. 복잡한 일은 멀리 사라지고 그야말로 순수한 휴식만 남는다. 아인슈타인을 비롯한 타고난 집중력의 소유자들이 골치 아픈 일에서 벗어나는 방법을 일에 몰두하는 것으로 해결한 이유가 바로 여기에 있다. "고통스러운 개인적인 근심에서 벗어나는 유일한 길은 일에 몰두하는 것"이라고 아인슈타인은 말했다.

에너지를 분산시키는 일을 만들어서는 안 된다. 가정과 직장 모두에서 말이다. 쓸데없는 불화를 만들지 말고 직장업무는 직장에서 끝내도록 한다. 집에 오면 직장 일은 모두 잊어버려야 한다. 자기가 통제할 수 있는 일에서만큼은 문제를 일으키지 않으려는 노력은 좋은 글을 쓰는 또 하나의 조건이다.

도저히 막을 수 없는 일이라면 에너지를 모두 쥐어짜서 그 일을 해결하라. 그다음 에너지가 다시 차오를 때까지 기다려야 한다. 무리하게 곧바로 다른 일을 시작해서는 안 된다. 얼마 남지 않은 에너지를 무리하게 쓰면 더 큰 문제가 생긴다. 건강을 해치면 모든 것이 끝장이다. 글 쓰는 일은 영원히 뒤로 밀린다. 그 어떤 일도 목숨보다 소중하지 않다. 뇌는 모든 에너지를 나를 살리는 일에 써버린다.

뇌가 쓴 에너지가 다시 차는 속도는 내가 어떻게 하느냐에 달렸다. 에너지를 빨리 차오르게 하는 활동을 찾아서 해야 한다. 멍하니 있기보다는 영화 관람이나 스포츠 경기를 즐겨라. 가벼운 소설책을 읽는 것도 괜찮다. 클래식 음악은 에너지를 충전하는 데 많은 도움이 된다. 자기가 좋아하는 방법을 찾아 에너지를 충전해야 한다. 여기서 주의할 점은 혼자 가만히 있는 것처럼 오히려 에너지를 더 쓰는 활동을 피하는 일이다.

글을 쓰려고 마음먹었다면 글 쓰는 일을 우선순위로 삼아야 한다. 뇌가 쓸 수 있는 에너지의 양은 정해져 있으므로 모든 일에 에너지를 골고루 쓰기 어렵다. 남는 에너지로 글을 쓰려는 어리석은 행동을 해서는 안 된다. 글 쓸 환경이 아니라면 환경부터 만들어야 한다. 그렇게 할 수 없다면 글 쓰는 일을 다시 생각해야 한다. 글쓰기는 생각처럼 호락호락한 일이 아니다. 에너지 소모가 많은 일이다. 어설프게 접근하면 이도 저도 안 된다. 글을 쓰려고 마음을 굳혔다면 확실하게 뛰어들어라. 모든 걸 걸어도 원하는 것을 얻기 힘든 세상이다. 골치 아픈 일이 잦거나, 지난 일을 쉽게 잊지 못하거나, 평소에 쓸데 없는 걱정을 많이 하는 사람이라면 글 쓰는 일은 어렵다. 이런 사람은 글 쓰는 일보다 잘못된 습관을 버리는 일이 우선이다.

월터 아이작슨이 쓴 스티브 잡스의 전기 〈스티브 잡스〉에는 이런 대목이 나온다. "잡스는 어떤 대상이 자신의 집중력을 흐트러뜨리는 걸 원치 않을 때면 그냥 그 대상을 무시하곤 했다. 마치 자신의 의지력으로 그것을 존재하지 않게 만들 수 있다는 듯이 말이다." 이를 일컬어 스티브 잡스의 현실 왜곡장이라 불렀다. 월터 아이작슨은 스티브 잡스가 성공한 원인 가운데 하나로 이 '현실 왜곡장'을 꼽았다. 뇌는 모든 일을 동시에 잘하거나 해결하지 못한다. 이 점을 명심하기 바란다.

집중 에너지를 덜 쓰면서 일처리는 빠르게

뇌가 하는 일 가운데 가장 중요한 일은 무엇일까? 정보의 저장이다. 뇌는 매일 수많은 정보를 처리한다. 내가 살아온 기간만큼 정보가 쌓인다. 뇌는 모든 정보를 저장할까? 뇌를 컴퓨터에 비유하곤 한다. 그 이유는 작동방식이 비슷하기 때문이다. 하지만 비슷한 만큼 차이도 크다. 컴퓨터는 하드의 용량만큼 정보를 저장한다. 정보를 저장할 때 가장 중요한 일이 필요 없는 정보와 필요한 정보를 나누는 일이다. 컴퓨터는 스스로 이 일을 처리하지 못한다. 사람의 뇌도 한계는 있다. 하지만 사람의 뇌는 용량이 정해져 있지 않으며, 저장용량도 사람마다 다르다. 뇌는 스스로 정보를 분류하고 저장한다. 살면서 겪은 모든 일을 기억하지 못하지만 일단 기억 창고에 들어온 정보는 영원히 저장한다. 나는 지금도 어릴 적 기억을 떠올리곤 한다. 평소에는 생각하지 못하다가도 어떤 사건이나 상황을 마주할 때면 기억이 떠오른다. 저장 창고에 보관한 정보는 사라지지 않고 언제든 꺼내 쓸 수 있다.

뇌를 잘 쓴다는 의미는 에너지를 얼마나 효율적으로 쓰느냐와 같은 말이다. 같은 일을 하더라도 능률에 차이가 나는 이유는 에너지의 씀씀이에 있다. 일을 잘하는 사람은 그렇지 못한 사람보다 에너지를 덜 쓰면서 빨리 처리하는 길을 찾는다. 에너지 효율이 좋아서 쉽게 지치지 않고 오래 일한다. 물론 성과도 좋다.

에너지를 덜 쓰면서 일 처리는 빠르게 하려면 어떻게 해야 할까? 그렇다. 첫 번째 시나리오가 필요하다. 첫 번째 시나리오의 핵심은 자동화다. 에너지를 덜 쓰려고 뇌가 만들어낸 작동방식이다. 일일이 신경 쓰지 않아도 알아서 움직인다면 그만큼 에너지는 덜 든다. 쉽게 말해서 일에 빨리 익숙해져야 한다는 의미다. 하지만 이 단계에 이르려면 시간이 걸린다. 이 시간을 얼마나 빨리 요령 있게 단축하느냐가 중요하다. 이때 두 번째 시나리오의 도움이 있어야 한다. 두 번째 시나리오 없이 첫 번째 시나리오를 활용하는 일은 불가능하다.

'장인'이라 불리는 사람들이 있다. 수십 년 동안 한 우물만 판 사람들이다. 이들은 자동화의 대가들이다. 특별한 노력을 기울이거나 일일이 신경 쓰지 않아도 맡은 일을 수월하게 해낸다. 에너지를 많이 쓰지 않는다. 이들은 모두 미련하다 할 정도로 묵묵하게 자기만의 길을 걸어온 사람들이다. 존경받아 마땅하다. 요즘은 '장인'을 찾아보기 어렵다. 시대가 변했기 때문이다. 우직하게 한 가지 일만 하도록 놔두지 않는다. 예전처럼 정적이며 단순하게 돌아가는 세상이 아니라 끊임없이 변하며 복잡한 일로 가득한 세상이다. 시대가 바뀌면 삶의 방식도 시대에 맞게 바꿔야 한다. 지금은 시간을 들여 오래 배워야 하는 일은 맞지 않다. 쏟아지는 정보를 빨리 처리하려면 느긋하게 일해서는 안 된다. 얼마나 빨리 정보를 자동화하느냐가 중요한 시대다. 자동화할 때 가장 중요한 조건은 바로 '반복'이다. 같은 일을 오래 반복하는 것이다. '장인 정신'은 반복을 달리 표현한 멋진 말이다.

안타깝게도 지금은 한 가지 일을 그렇게 오래 '반복'하기 어렵다. 어떻게 해야 할까?

　뇌의 정보 저장 방식은 생각보다 단순하지 않다. 그 종류만 해도 일화기억, 의미기억, 단기기억, 작업기억, 절차기억, 장기기억처럼 다양하다. 학자들에 따라 다른 용어를 쓰기도 한다. 이렇게 복잡한 종류의 기억을 다 알 필요는 없다. 여기서는 단기기억과 장기기억만 다뤄보자.

　주로 전두엽이 담당하는 단기기억은 말 그대로 아주 짧은 시간 저장한 정보를 말한다. 단기기억은 불완전하며 쉽게 사라진다. 잠시만 한눈을 팔아도 새로운 정보가 앞선 정보를 덮어 버린다. 빨리 쓰지 않으면 나도 모르게 기억에서 멀어진다. 이처럼 정보 대부분은 뇌 안에 잠시 머물다 없어진다. 단기기억은 장기기억으로 가기 전에 반드시 거쳐야 할 관문이지만 그 관문을 뚫는 일은 대학입시만큼 어렵다. 작업대에 놓인 4~5개의 작업은 쉴 새 없이 순서를 바꾸며 주의를 흐트러뜨린다. 첫 번째 시나리오는 원치 않는 상황에 제멋대로 등장하여 상황을 더 복잡하게 만든다. 단기기억으로 들어온 정보들은 이런 어지러운 상황 속에서 길을 찾아야 한다.

　장기기억은 사라지지 않고 영원히 저장된 정보를 말한다. 장기기억화는 자동화의 최종 단계다. 장기기억으로 저장된 정보는 사라지지 않으며 언제든 밖으로 끄집어낼 수 있다. 장기기억 안의 정보는 의식의 힘으로든 무의식의 힘으로든 불려 나온다. 장기기억 안의 정보가 원하는 순간에 무의식적으로 나타나도록 하는 것이 바로 우리의 목표다. 에너지 소모가 가장 덜 드는 상태이며, 뇌가 하는 장기기억화의 진정한 의미다. 정보가 해마와 대뇌피질이 담당하는 장기기억으로 들어가려면 어떻게 해야 할까? 단기기억의 관문을 뚫어야 한다. 이때 가장 좋은 방법은 '반복'이다. 여기서 '반복'은 아무 생각 없이 하는 무한반복이 아니라 집중도를 최대한 끌어올려서 하는 '반복'이 핵심이다. 집중력은 우리가 생각하는 것보다 훨씬 중요하다.

단기기억이 일어나는 장소와 두 번째 시나리오가 작동하는 장소는 전두엽이다. 전두엽은 자동화로 가는 길목에서 가장 중요한 역할을 맡는다. '반복'의 효율성을 높이려면 집중력을 높여야 한다. 집중력을 담당하는 장소 역시 전두엽이다. 전두엽은 딴생각에 빠지지 않도록 해준다. 지금 하는 일과 관련 없는 자극을 모두 차단한다. 전두엽에서 발휘하는 집중력이 뒷받침하지 않으면 자동화의 길은 멀고 험하다. 뇌는 자극적인 정보로 가득 찬 공간이다. 단기기억 안의 정보들은 쉽게 첫 번째 시나리오에 휩쓸린다. 일하다가 조금만 방심해도 생각은 엉뚱한 길로 빠진다. 다시 되돌아오려면 시간이 걸린다. 나도 모르게 내면을 탐색하게 내버려 두면 '반복'을 하더라도 '반복'의 효과를 누리지 못한다. 전두엽은 내 생각이 딴 곳으로 흐르지 않도록 한다.

건강한 전두엽은 집중력의 질을 높인다. 전두엽의 도움을 받으려면 전두엽이 좋아하는 활동을 해야 한다. 어떤 활동이 좋을까? 다행스러운 일은 특별한 노력을 기울이지 않아도 된다는 점이다. 전두엽이 좋아하는 활동은 명상과 운동, 적절한 수면 그리고 새로운 경험을 많이 하는 것이다. 누구나 할 수 있는 활동으로 전두엽을 좋게 함으로써 집중력을 올리면 자동화는 한층 빨라진다.

좋은 글을 쓰려면 글쓰기와 관련한 모든 기술을 최대한 빨리 장기기억화해야 한다. 그러려면 글 쓰는 모든 행위에 집중력을 높여야 한다. 자료를 모으는 일부터 문장을 만드는 일까지 예외는 없다.

환경은 만들어지지 않는다. 내가 만들어야 한다. 글쓰기 전 명상을 하거나 가벼운 운동을 하는 일은 집중력을 올리는 훌륭한 활동이다. 충분한 수면 역시 마찬가지다. 글 쓰는 일이 힘들고 지겨우면 좋은 글쓰기는 둘째 치고 글쓰기 자체가 싫어진다. 금방 포기한다. 글쓰기는 즐거운 일만은 아니라는 사실을 깨달아야 한다. 글쓰기가 주는 즐거움은 잠시뿐이며, 나머지는 인내와 고통의 시간이다. 이 시간을 이겨내려면 에너지 소모를 줄여야 한다. 글 쓰는 일이 쉬워져야 한다. 100% 쉬운 글쓰기는 없지만, 자동화할 수 있는 부분은 자동화해야 한다. 그러려면 집중력이 필요하다. 집중도를 올려 글쓰기를 하면 어느 순간 글쓰기 '장인'이 된다. 쓰고 싶지 않아도 쓸 내용이 없어도 자리에 앉는다. 띄엄띄엄 글을 쓰는 사람은 언젠가 벽에 부딪힌다.

글 쓰는 사람이 가장 피해야 할 적이다.

　글쓰기뿐만 아니라 다른 모든 일이 마찬가지다. 집중력이 높은 사람이 일도 잘한다. 에너지를 덜 쓰면서 빨리 처리하는 기술을 익히기 바란다. 글 쓸 때 집중력을 발휘하기 바란다. 책상에 오래 앉아 있다고 해서 좋은 글이 써지지 않는다. 1시간이라도 집중력을 발휘해서 쓴 글은 10시간 동안 시간만 보내며 대충 쓴 글보다 열 배의 값어치가 있다.

수다 좋은 글을 쓰려면 말하기를 활용하라

노량진 수산시장이나 프로야구 경기장, 그리고 영화관에서 글을 쓰려면 얼마나 많은 에너지를 써야 할까? 뇌의 어떤 부위는 외부 자극에 민감하게 반응한다. 일이 벌어지면 궁금해서 참지 못한다. 당연한 일이다. 중뇌의 변연계는 언제든지 흥분할 준비가 되어 있어야 한다. 그렇지 않으면 자기 자신을 지키기 어렵다. 이와 달리 뇌의 어떤 부위는 자극에 휘둘리려는 충동을 억제한다. '괜찮아 별일 아니야' 하고 말하며 진정시킨다. 이 영역은 주의력을 담당하는 부위다. 지금 하는 일과 관련 없는 자극이나 생각을 차단한다. 자극에 반응하여 흥분하는 일이나 자극을 억제하는 일 모두 에너지를 많이 쓰는 일이다. 한적한 산속의 절이나, 인적이 드문 조용한 시골은 흥분하고 억제해야 할 일이 적다. 불필요한 에너지 사용을 줄인다. 에너지 대부분을 글 쓰는 데 쓸 수 있다.

한적한 절이나 조용한 시골에서 글 쓰는 일이 가능하면 좋겠지만 그런 행운을 누릴 수 있는 사람은 많지 않다. 글 쓰는 사람 대부분은 크든 작든 주변에서 일어나는 자극 속에서 글을 써야 한다. 글 쓰는 일에만 에너지를 쏟으면 좋겠지만 집중하려면 충동을 억제하는 일도 해야 한다. 충동을 억제하는 일이 얼마나 힘든 일인지 글을 다 쓰고 난 후 자신을 돌아보라. 얼마나 충동에 허약해지는지 말이다.

집중력을 발휘할 때 많은 에너지 소모가 따른다. 이럴 때 도움을 주는 방법이 있다. 바로 말하기다. 말은 지금 내가 하는 일에 주의를 쏟도록 도와주는 친구다. 말을 하면 지금 말하는 주제 외에 다른 일에 신경을 빼앗기지 않는 효과가 있다. 또한, 주제의 확장을 불러온다. 나는 〈오래 하는 힘〉과 〈SNS 문장 강화〉라는 두 권의 책을 냈다. 책을 내면 그것으로 끝나는 것이 아니라 강의를 한다. 독자와 직접 소통하는 일은 책을 내는 것만큼 더 기쁘고 보람 있는 일이다.

독자와의 만남을 잘 마무리하려면 철저한 준비를 해야 한다. 이때 내가 하는 연습 방법은 말하기다. 눈앞에 청중이 있다고 생각하고 신나게 떠든다. 같은 에너지를 쓰면서 두 배의 효과를 올리는 좋은 방법이다. 강연 연습을 할 때 써놓은 스크립트를 눈으로만 볼 때와 직접 이야기할 때 큰 차이가 난다. 눈으로만 볼 때는 쉽게 다른 잡념이 떠오른다. 멍한 상태에 빠지기 쉽다. 내면 탐색에 들어가면 골치 아파진다. 점화 효과에 걸려들면 순식간에 아까운 시간을 빼앗긴다. 또한, 눈으로만 연습하면 강연 주제 외에 다른 시나리오는 잘 떠오르지 않는다. 강연할 때마다 틀에 박힌 말만 반복한다. 이와는 다르게 강연하듯 말하면서 연습하면 나도 모르게 새로운 아이디어가 떠올라 스크립트를 고치거나 추가하게 된다. 놀라운 경험이다. 집중력이 올라가면 내가 쓰고 있는 신경망은 더 활발해진다. 내가 원하는 점화 효과가 나타나기 쉬운 상태로 바뀐다. 좋은 생각이 꼬리를 물며 이어진다. 점화 효과를 이롭게 쓰려면 집중력을 발휘해야 한다.

말하기는 집중력을 높인다. 잘 활용해야 한다. 글을 다 썼다면 소리 내서 읽어보라. 글의 장단점이 잘 드러난다. 문장 실력을 키우려면 반드시 소리 내서 읽기를 해야 한다. 초보자는 단문보다 장문을 쓰려고 한다. 생각의 파편을 정리해서 글로 옮기는 일은 하루아침에 되지 않는다. 초보자는 생각이 사라지는 것이 두렵고, 짧게 쓰면 왠지 어수룩해 보일까 봐 브레이크를 밟지 못한다. 장문은 문장 실력을 고스란히 드러나도록 한다. 뚱뚱한 사람이 마른 사람보다 적에게 노출될 확률이 높다. 위험을 줄이려면 살을 빼야 한다. 길게 쓴 문장을 담백하고 깔끔하게 바꾸거나 오류를 바로잡아야 할 때 소리 내서 읽는 것만큼 좋은 방법은 없다.

정보를 오래 저장하려면 입력만으로는 어렵다. 출력은 정보의 장기기억화에 도움을 준다. 글쓰기도 출력의 한 방법이지만, 전부는 아니다. 말하기 역시 출력 작업의 하나다. 무엇이든 말로 하면 더 빨리 더 오래 기억할 수 있다. 갑자기 기막힌 아이디어가 떠올랐다면 말로 이야기를 풀어나가 보라. 신경망이 활성화하면서 다른 신경망을 건드린다. 이때 새로운 이야기가 덧붙여진다. 되도록 끊지 말고 이야기를 이어나가야 한다. 이렇게 하면 시간이 흘러도 쉽게 사라지지 않는다. 집으로 돌아와 글로 옮길 때까지 충분한 시간을 벌 수 있다. 말로 함으로써 집중력을 높이는 일은 그만큼 에너지를 절약하는 일이다. 글쓸 때 나를 유혹하는 자극을 견디는 일도 더 잘하게 된다.

도구는 하나일 때보다 두 개, 두 개일 때보다 세 개일 때 더 유용하다. 뇌가 정보를 저장할 때도 마찬가지다. 대부분 사람은 정보를 저장할 때 시각을 주로 사용한다. 눈으로만 보고 정보를 저장하려고 한다. 도구를 두 개 쓸 때보다 편하기 때문이다. 당장은 에너지가 덜 든다. 하지만 에너지는 쓸 때 써야 한다. 그러려고 에너지를 모아두는 것이 아닌가? 말로 하는 정보의 저장은 청각까지 활용하는 일이다. 이때 뇌는 부담을 느끼기보다 오히려 홀가분함을 느낀다. 길게 보면 시각만 활용해 저장하는 일은 더 어렵고 오래 걸리기 때문에 결과적으로 에너지도 그만큼 더 써야 한다. 청각을 활용하면 당장은 에너지를 좀 더 써야 하지만 장기적으로 보면 에너지를 아끼는 것과 같다. 도구를 더 추가하면 어떨까? 동작까지 써서 말이다. 물론 에너지를 더 써야 하지만 정보를 저장하는 속도는 더 빨라진다. 오감을 사용하기 바란다. 써야 할 때 쓰는 에너지는 오히려 에너지를 아끼는 일임을 기억해야 한다.

아이가 시험공부에 어려움을 느낀다면 책상에 앉아서 멍하니 눈만 굴리고 있는지 확인할 필요가 있다. 이때 공부한 내용을 발표하도록 해보라. 성적표에 A가 늘어날지도 모른다. 하고 싶은 일을 할 때와 하기 싫은 일을 억지로 할 때 에너지 소모의 차이는 크다. 시험공부를 좋아하는 아이가 얼마나 되겠는가? 조금이라도 재미있게 하면 에너지 소모를 줄일 수 있다. 자기가 공부한 내용을 엄마, 아빠 앞에서 발표하는 일은 호기심을 불러일으키고 묘한 재미를 더한다. 자기 자신이 선생님이 되었다고 느끼게 만들어라. 책임감이 생기고 새로운 변화에 흥미를 느끼게 되면 학업에 더 집중하게 되고 자연스럽게 좋은 결과가 뒤따른다. 여기에 더해 창의적인 생각까지 덤으로 얻을 수 있다. 말로 하는 공부는 점화 효과를 일으키는데 그만이기 때문이다. 그야말로 도랑 치고 가재 잡는 격이다.

말을 많이 하는 사람이 있고, 말을 적게 하는 사람이 있다. 어떤 사람이 더 에너지가 넘칠지 생각해 보기 바란다. 말을 많이 하는 사람이 에너지가 넘친다. 그들은 언제나 활기차고 무언가 할 준비가 되어 있는 사람처럼 행동한다. 또한, 예기치 못한 일을 벌이거나 희한한 생각을 제안하는 사람 역시 말이 많은 사람의 특징이다. 스티브 잡스의 수다는 혀를 내두를 정도였다. 그와 오전에 만나면 오후 시간은 비워둬야 했다. 말은 생각하지 못했던 참신한 아이디어를 떠올리는 훌륭한 도구다. 물론 말을 너무 많이 하거나 알맹이 없는 말만 하는 사람도 있다. 분명한 사실은 때로는 실수를 할지라도 아무 말도 하지 않는 사람보다 어떤 말이든 떠드는 사람에게 기회가 찾아온다는 점이다.

스트레스는 만병의 근원이다. 스트레스를 해소하는 방법은 여러 가지지만 의사나 학자들이 하나같이 권하는 방법은 겉으로 드러내는 것이다. 여러 사람과 이야기를 나누면서 속에 있는 말을 끄집어내야 한다고 강조한다. 말하지 않고 속으로 삼키거나 꿍하고만 있는 사람은 스트레스에 취약하다. 스트레스를 안으로 숨기는 일은 병을 키우는 것과 같다. 내성적인 사람이 신경성 질환에 잘 걸리는 이유다. 반대로 얼굴이 벌게지도록 열변을 토하는 외향적인 사람은 병에 덜 걸린다. 스트레스를 확실하게 풀기 때문이다. 의학적인 자료를 보지 않더라도 주위를 둘러보면 쉽게 알 수 있다. 물론 모든 사람에게 같은 잣대를 들이대기는 어렵다. 중요한 점은 스트레스는 풀어야지 담아둬서는 안 된다는 점이다. 말하기는 건강을 지키는 중요한 도구 가운데 하나다. 스트레스가 없어야 좋은 글을 쓴다.

좋은 글을 쓰려면 말하기를 활용하라. 정보를 저장하고 오류를 발견하는 일에 말하기보다 좋은 방법은 없다. 집중력을 높이고 에너지 소모를 줄이는 말하기야말로 글 쓰는 사람이 준비해야 할 또 하나의 도구다.

나태 나른한 일상은 글 쓰는 일을 방해한다

한국문학이 낳은 '위대한 작가'하면 많은 사람이 김승옥을 먼저 떠올린다. 〈무진기행〉은 문학사적으로 큰 의의를 지닌 작품으로 작가 지망생이 꼭 봐야 할 작품 가운데 하나다. 그가 활동한 시대는 한국 문학의 황금기였다. 이청준, 최인훈, 김현, 김지하를 비롯한 걸출한 인물이 대거 등장한 시기였다. 그 가운데 김승옥은 단연 돋보이는 문학도였다.

지금도 그렇지만 김승옥이 활동하던 시절에도 글만 써서는 생계를 유지하기 어려웠다. 김승옥도 자연스럽게 다른 일을 찾았다. 그가 찾은 부업은 영화계였다. 〈무진기행〉이 영화로 만들어지자 자연스럽게 인연이 맺어졌다. 그는 유명 작품을 각색하여 직접 메가폰을 잡기도 했다. 아내의 반대로 감독 생활은 짧게 끝났지만, 영화계에 남아 시나리오 작업을 이어갔다.

문학평론가 이어령은 김승옥이 서울대 불문과 재학시절 그를 가르쳤던 스승이었다. 이어령은 일찍이 김승옥의 재능을 알아보았다. 돈 때문에 문학을 소홀히 하는 김승옥을 안타까워하던 이어령은 김승옥을 억지로 호텔에 가두고 소설을 쓰게 했다. 몇 번의 탈출 시도도 있었지만 결국 김승옥은 〈서울의 달빛 0장〉을 써냈다. 오랜 외도 끝에 내놓은 이 작품으로 그는 제1회 이상문학상의 수상자가 되었다.

평화로운 일상은 글 쓰는 사람에게 더할 나위 없이 좋은 환경이지만, 무엇이든 지나치면 좋지 않은 것처럼 나른한 일상은 오히려 글 쓰는 일을 방해하기도 한다. 목표의식이나 절실함이 없는 사람은 신경쓸 일이 너무 많아 좋은 글을 쓰기 힘든 사람과 다를 게 없다. 써도 그만 안 써도 그만인 환경, 아무 때고 쓰고 싶을 때 마음대로 쓸 수 있는 환경은 축복이 아니라 장애물이다. 뇌를 이해하면 왜 그런지 알 수 있다.

특별할 것 없는 무료한 시간을 보낼 때 활성화하는 뇌의 영역은 어디일까? 알다시피 첫 번째 시나리오로 움직이는 영역이다. 첫 번째 시나리오는 본능적이며 자동화한 프로그램의 중추다. 여유로울 때 제일 많이 하는 사고는 되는대로 살려고 하는 욕망이다. 쓸데없이 에너지를 쏟으려 하지 않는다. 쉬운 일만 찾으려고 한다. 게을러지는 것이다. 또한, 틈만 나면 내면을 탐색한다. 잡생각이 앞다투어 튀쳐나온다. 목표와 절실함 없는 글쓰기에 온전히 집중하기 어렵다.

군대에 갔다 온 남자라면 누구나 공감할 만한 이야기를 해보자. 군대는 병사에게 쉴 틈을 주지 않으려고 노력한다. 특히 갓 입대한 신병들에게는 더 가혹하다. 그 이유는 첫 번째 시나리오가 작동하면 군 생활에 지장을 주기 때문이다. '내가 왜 여기서 고생을 해야 하나'로 시작해 생각에 불이 붙으면 걷잡을 수 없이 번진다. 생각이 이어지면서 군대에 반감이 생기고 갈수록 비관적인 사고에 빠진다. 군에서 가장 원하지 않는 흐름이다. 이 상태로 훈련을 제대로 수행할 리 없다. 잘못하다간 다른 병사들의 목숨까지 위태롭게 한다. 따라서 군대는 쉬는 시간을 짧게 주고 훈련 시간을 길게 한다.

나는 1994년 6월 군에 입대했다. 1994년 여름은 두 가지로 유명한 해이기도 하다. 대한민국 역사상 가장 끔찍했던 더위와 김일성의 사망이 그것이다. 살인적인 더위는 가장 바라지 않는 상황으로 병사들을 몰고 갔다. 훈련을 받다가 쓰러지는 병사가 한둘이 아니었다. 나라를 지키려다 장렬히 전사해야 할 병사들이 더위 때문에 안타까운 목숨을 잃는다면 그처럼 비참한 일은 없다. 결국 대부분의 훈련이 취소되었다. 이때부터 지휘관의 고민이 시작되었다. 휴식이 길면 길수록 훈련병은 딴생각을 하게 된다. 어떡하든 이를 막아야 했다. 고육지책으로 내린 명령이 연병장 화단에 물 주기였다. 시도 때도 없이 물을 퍼다 날랐다. 차라리 훈련을 받는 게 낫다는 생각이 들 정도로 지겨운 일이었다. 지금도 훈련소 하면 화단에 물 준 일만 생각난다.

글 쓸 때 필요한 도구는 여러 가지가 있지만, 두 번째 시나리오의 적절한 사용을 빼놓아서는 안 된다. 두 번째 시나리오의 작동방식은 논리적이고 이성적인 사고로 시작한다. 내가 왜 이 일을 하는지 이해하면 일을 끝까지 해내는 데 큰 힘이 된다. 왜 해야 하는지를 알면 뚜렷한 목적의식이 생기고 집중력과 책임감도 덩달아 좋아진다. 두 번째 시나리오를 작동하는 데 핵심 역할을 담당하는 전두엽의 활성화를 이해하는 일은 중요하다. 전두엽의 참여는 나른한 오후처럼 평화로운 상황일 때가 아니다. 문제를 해결해야 할 때나 무언가 어려움이 닥쳤을 때 아니면 신나는 자극이 일어날 때다. 글쓰기 할 때 자극을 주는 일은 주의력을 잃지 않고 글쓰기를 마무리하는 좋은 원동력이다.

이 일을 하지 않으면 안 되는 이유 10가지를 노트에 적어보는 일은 자신을 자극하는 좋은 방법이다. 어떤 이유라도 좋다. 아무리 하찮은 일이라도 그 일을 하려고 했던 분명한 이유를 떠올릴 수 있다. 목표를 정하는 일도 중요하다. 과도하게 어려운 목표를 잡을 필요는 없지만 철저한 계획은 일을 완수하는 데 큰 도움이 된다. 하루에 얼마만큼의 분량을 쓸 것인지도 정해야 한다. 그리고 무슨 일이 있어도 어기지 않겠다고 다짐해야 한다. 요즘은 SNS라는 좋은 플랫폼이 있다. 플랫폼이 무엇이든 상관없이 거기에 매일 꾸준히 글을 올리겠다는 목표를 세우는 것 역시 좋은 방법이다.

스티븐 킹을 지금의 자리에 올려놓은 작품은 누가 뭐래도 〈캐리〉다. 그는 이 작품을 세탁소에서 일하면서 썼다. 스티븐 킹 역시 글만 써서 생계를 이어가기 어려운 처지였다. 작품을 구상하고 글을 쓰기 시작했을 때 그는 이 작품을 자기가 그리 좋아하지 않는다고 느꼈다. 처음 떠올렸을 때 훌륭하다고 생각했던 아이디어는 글을 쓸수록 매력적으로 보이지 않았다. 여학생이 주인공이라는 점도 이런 생각을 부채질했다. 평생 겪어본 여자라곤 엄마와 외할머니 그리고 그 당시 아내가 전부였다. 모두 성인이 된 후 만난 여성들이었다. 무엇보다 큰 문제는 단편이 아니었다는 점이다. 이야기를 제대로 풀어나가려면 중편 이상이어야 했다. 하지만 스티븐 킹의 경제 상황은 몇 달을 기다려 줄 정도로 여유롭지 못했다. 그는 써놓았던 8장 분량의 원고를 쓰레기통에 버렸다.

〈캐리〉를 살린 건 그의 아내였다. 쓰레기통에 처박혀 있던 원고를 발견한 아내는 차분히 앉아 읽기 시작했다. 그녀는 작품이 심상치 않다고 생각했다. 뭐라고 확실하게 말하기 어려웠지만, 여고생들 사이에서 벌어지는 끔찍한 사건 속에서 대단한 가능성을 발견했다. 그녀는 남편에게 원고를 쥐어 주며 계속 쓰라고 독려했다. 스티븐 킹이 고민한 여고생에 관한 부분은 아내의 도움을 받기로 했다. 그뿐만 아니라 아내 역시 도넛가게에서 일하며 생계를 같이 책임졌다. 이제 스티븐 킹이 이 소설을 써야 하는 이유가 생겼다. 첫째로 든든한 지원군을 실망시키지 말아야 했다. 둘째로 어려운 경제 상황을 벗어날 길은 〈캐리〉밖에 없었다. 스티븐 킹은 힘을 내서 쓰기 시작했다. 드디어 한 출판사에 원고를 넘겼다. 얼마 후 그는 〈캐리〉의 판권 가격이 40만 달러라는 소식을 전해 들었다. 지금 돈으로 환산해도 4억이 넘는 엄청난 돈이다. 〈캐리〉가 세상에 나온 해는 1973년이었다.

이어령과 스티븐 킹의 아내가 없었다면 김승옥도 스티븐 킹도 없었다. 두 사람이 작가로서 성공할 수 있었던 이유는 가혹한 현실이었다. 쓸데없는 일에 에너지를 소모해야 하는 환경을 없애는 일은 더없이 중요하다. 하지만 반대로 너무 편안해서 나른하다면 이 역시 글 쓰는 사람에게 좋은 환경은 아니다. 때로는 자극이 필요하다. 아무런 목적 없이 첫 번째 시나리오가 움직이는 대로 따라가면 글 쓰는 일을 오래 할 수 없다. 이럴 때일수록 두 번째 시나리오를 써야 한다. 절실함으로 나를 설득시켜야 한다. 나른한 휴식이 위험한 장소는 군대뿐만은 아니다. 글 쓰는 나 역시 나른한 휴식을 경계해야 한다.

장악 자기 글에 통제력을 잃어서는 안 된다

1989년 7월 19일은 구름 한 점 없는 맑은 날이었다. 유나이티드 항공 소속 232편의 기장과 부기장은 비행기가 안전 궤도에 오르자 운전 레버를 자동조종으로 바꿨다. 두 사람은 편안하게 커피를 마셨다. 기장은 3만 시간이 넘는 비행 경력을 자랑하는 베테랑이었다. 그렇게 평화로웠던 비행은 갑작스럽게 들려온 폭발음과 함께 사라졌다. 두 사람은 원인을 찾느라 바쁘게 움직였다. 얼마 후 비행기 뒤쪽 엔진에 문제가 생겼다는 것을 알아냈다. 곧 두 사람은 비행기가 자신들의 통제 밖에 있다는 사실을 받아들여야 했다. 296명의 승객과 기장과 부기장을 비롯한 승무원의 목숨이 하늘의 뜻에 달렸다는 사실은 불행한 일이었다. 통제력을 잃은 비행기의 모든 기계장치는 제멋대로였다. 두 사람은 이런 일에 대비해 쌓아 둔 지식을 총동원했다. 하지만 지금 일어난 일과 비슷한 사례는 좀처럼 떠오르지 않았다. 이때 베테랑 기장의 침착함이 빛을 발했다. 조종간은 말을 듣지 않지만 살아 있는 엔진의 출력을 조종하면 비행기를 수평으로 만드는 일이 가능할지도 모른다는 생각을 했다. 황당한 아이디어였지만 기장의 생각은 보기 좋게 맞아떨어졌다. 한쪽 엔진을 끄고 다른 쪽 엔진의 출력을 높이자 비행기는 수평을 되찾았다.

행운의 여신이 그들의 어깨 위에 내려앉을 무렵 새로운 문제가 터졌다. 비행기가 아래위로 요동치기 시작했다. 기장은 냉정하게 생각했다. 추진력을 조절하면 요동이 계속되더라도 추락만은 막을 수 있다고 판단한 기장은 상승과 하강 시 출력을 조정해 비행기의 수평을 계속 유지하는 데 성공했다. 이제 마지막 관문은 관제소에서 알려준 공항에 안전하게 착륙하는 일이었다. 하강 속도를 줄이는 것이 관건이었다. 그들이 선택한 방법은 선회였다. 원을 그리면서 고도를 조금씩 낮췄다. 연료가 떨어지자 출력도 줄어들었다. 활주로에 닿는 데 성공했지만, 비행기는 계속 미끄러졌다. 동체가 여러 조각으로 부서지고 나서야 232편은 죽음의 비행을 멈췄다. 비록 모든 승객을 살리지는 못했지만, 조종사들의 노력으로 184명의 소중한 목숨을 구했다.

통제를 잃은 비행기가 얼마나 무서운 결과를 초래하는지 알아보았다. 비행기뿐 아니라 통제력을 잃었을 때 일어나는 불행한 사건은 곳곳에서 찾을 수 있다. 지휘관을 잃은 부대는 오합지졸이다. 아무리 용맹한 부대라도 그들을 지휘할 지휘관이 없으면 힘만 센 골리앗과 다를 게 없다. 알렉산더가 이룩한 거대한 제국은 그가 죽자마자 사분오열되고 말았다. '레임덕'이라는 말이 있다. 절름발이 오리라는 뜻이다. 정권이 막을 내릴 무렵 힘을 잃은 권력을 상징하는 뜻으로 쓰인다. 얼마 안 있으면 사라질 통치자의 말을 누가 따르려 하겠는가? 임기가 끝나가는 통치자는 새로운 일을 벌이기보다 현상 유지를 하면서 안전하게 물러나기를 바란다. 통제력을 잃은 통치자가 할 일은 안전한 곳에서 웅크리고 앉아 가만히 있는 것뿐이다.

글쓰기 역시 마찬가지다. 내 글을 장악하지 못하면 좋은 글을 쓰기 어렵다. 통제력을 잃은 글은 유나이티드 항공 소속 232편 비행기처럼 불안하고 힘이 없다. 이런 글은 어떤 감동도 교훈도 주지 못한다. 나조차도 이해하지 못하는 글을 독자에게 읽으라고 강요하는 행동은 사기나 다름없다. 글쓰기에서 불확실성만큼 무서운 것도 없다. 확신 없는 글은 쓰지 않도록 해야 한다. 그러려면 자기가 쓴 글에 대한 통제력을 잃어서는 안 된다.

내가 쓴 글을 장악하지 못하면 변연계가 활성화한다. 변연계 안에는 아몬드 크기만한 편도체라 불리는 녀석이 숨어 산다. 편도체는 공포와 불안을 불러일으킨다. 불확실성은 편도체를 자극하여 불안을 느끼도록 한다. 더 큰 문제는 모든 일을 부정적인 쪽으로 몰아간다는 데 있다. '내가 정말 이런 쓰레기 같은 글을 썼단 말이야?', '이런 글을 누가 읽겠어?', '난 역시 글재주가 없나 봐', '글쓰기는 나와 맞지 않아'라고 생각하면서 점점 글쓰기와 멀어진다. 글을 쓰다 보면 한 번쯤 경험하는 일이다. 이때 어떻게 대처하느냐에 따라 글을 다시 장악할 수도 있고 아니면 영원히 장악하지 못하고 끝날 수도 있다.

유나이티드 항공 소속 232편의 기장이 보여준 행동이 좋은 예다. 비행기에 이상이 생기면 조종사는 순식간에 공포와 불안에 빠진다. 편도체가 활성화하기 때문이다. 편도체를 이대로 놔두면 위기를 극복하지 못한다. 오히려 불행을 앞당긴다. 우왕좌왕하거나 상황에 맞지 않은 판단을 내린다. 점점 안 좋은 상황으로 빠져든다. 이런 상태에서 살아남기란 어려운 일이다. 232편의 기장처럼 냉정함을 유지해야 한다. 편도체를 잠재워야 한다. 그러려면 잠자고 있던 전두엽을 깨워야 한다. 이성적 사고의 중추인 전두엽이 활성화하면 편도체는 약해진다. 전두엽의 능력 중 하나가 바로 억제력이다. 전두엽은 편도체의 활성화를 통제한다. 편도체의 간섭을 줄임으로써 객관적이고 냉정한 판단을 하도록 돕는다. 232편 기장이 보여준 침착한 대응이야말로 전두엽과 편도체의 관계를 잘 보여주는 사례다. 하지만 긴박한 상황에서 전두엽의 힘을 불러내기란 쉽지 않다. 232편 기장처럼 냉정한 조종사를 만나는 행운은 잘 일어나지 않는다. 항공사고 대부분은 불행한 결말로 끝난다.

스티븐 킹 역시 불행한 일과 마주한 적이 있었다. 스티븐 킹이 대작 〈스탠드〉를 집필할 때의 일이다. 500페이지가량 되는 많은 양의 초고를 썼을 즈음 슬럼프가 찾아왔다. 자기가 쓴 글에 통제력을 잃고 말았다. 스티븐 킹은 답을 찾지 못하고 방황했다. 이유를 알지 못해 더 답답했다. 그렇다고 모든 것을 원점으로 돌릴 수도 없었다. 그러기에 500페이지는 너무 많은 양이었다. 스티븐 킹은 이야기를 살리려고 힘겨운 싸움을 벌였다. 몇 날 며칠 고민하고 생각한 끝에 겨우 슬럼프에서 벗어날 수 있었다. 〈스탠드〉는 스티븐 킹의 대표작으로 남았다.

글을 쓰다 보면 내가 왜 이 글을 쓰는지, 무슨 말을 하려고 했는지 기억나지 않을 때가 있다. 문장을 쓰다가 엉뚱한 길로 빠지기도 한다. 자주 벌어지는 일이다. 글에 대한 확신이 없거나 준비가 완벽하지 않은 상태에서 글을 쓰면 이런 일이 자주 일어난다. 우리가 해야 할 일은 내가 쓴 글을 꽉 잡고 있는 것이다. 아무리 험난한 파도가 밀려와도 나침반을 잃어버리지 않으면 다시 본 궤도에 올라설 수 있다. 하늘의 뜬 별이 안내하는 길을 볼 줄 안다면 나침반도 필요 없다. 공포와 불안을 불러일으키는 편도체가 활성화하기 전에 불을 꺼야 한다. 편도체가 활성화한다는 것은 길을 잃었다는 뜻이므로 그 단계까지 가지 않도록 수단과 방법을 가리지 말고 노력해야 한다.

편도체가 활성화하지 않도록 하려면 철저한 준비만이 답이다. 나침반처럼 갈 길을 명확하게 표시해 두어야 한다. 아무 준비도 없이 멍하니 책상에 앉아 우연히 떠오르는 생각을 잡으려고 해서는 안 된다. 물론 몇몇 이해하기 힘든 재능을 소유한 작가들은 이런 식으로 글을 쓴다고 한다. 하지만 이런 사람은 소수에 지나지 않는다. 자기 자신이 이런 능력이 있다고 믿는다면 축하한다. 당신은 곧 헤밍웨이나 톨스토이 반열에 오를 사람이다. 그렇지 않다면 허튼소리에 귀 기울이지 말고 자료를 모아 계획을 짜거나 책에 파묻혀야 한다. 긴말할 필요가 없다.

어쩔 수 없이 슬럼프가 찾아왔다면 해야 할 일은 명확하다. 스티븐 킹이나 232편 기장처럼 사고를 확장해야 한다. 책상에 앉아 끙끙대지 말고 밖으로 나가라. 산책도 좋고 가벼운 여행도 좋다. 환경을 바꾸는 일은 새로운 자극이다. 전두엽은 새로운 자극을 좋아한다. 스티븐 킹이 산책을 즐기는 이유가 바로 여기에 있다. 슬럼프를 벗어날 때 그가 썼던 방법 역시 산책이었다. 전두엽이 살아나면 편도체에 대한 통제력도 살아난다. 공포와 두려움은 사라지고 냉철한 사고만 남는다. 새로운 자극은 도파민 분비도 촉진한다. 집중력이 좋아지면서 막혔던 부분이 뚫리거나 새로운 아이디어가 샘솟는 일도 심심치 않게 일어난다. 통제력을 회복했다면 남은 일은 하던 일을 마무리하는 것이다.

사랑 좋아하고 사랑하는 주제의 글을 써라

"구하라. 그러면 너희에게 주실 것이요.

찾으라. 그러면 찾을 것이요.

문을 두드리라. 그러면 너희에게 열릴 것이니..."

마태복음 7장 7절은 교회를 다니지 않는 사람도 들어본 적 있을 만큼 널리 알려진 구절이다. 나 역시 기독교인이 아니지만, 이 구절 만큼은 낯설지 않다. 종교와 과학은 견원지간까지는 아니더라도 썩 좋은 관계는 아니다. 신의 존재를 증명하려는 과학적 노력은 오랫동 안 종교계의 반발을 불러왔다. 신의 존재를 어떻게 증명할까? 나는 무신론자지만 마음속 어딘가에 자기만의 신이 있다고 믿는다. 마음 깊숙이 모셔놓은 신을 과학으로 밝혀내기란 쉬운 일이 아니다. 과학 이 신의 존재를 증명하지는 못했지만, 마태복음 7장 7절의 구절만큼 은 과학적으로 증명할 수 있다. 여기서 말하는 과학은 뇌과학이다.

성인이 되면 하고 싶은 것도 많고 갖고 싶은 것도 많아진다. 남자 의 로망은 뭐니 뭐니 해도 멋진 나만의 자동차다. 내 첫차는 H사에서 나온 베르나였다. 그것도 새 차가 아닌 중고차였다. 물론 지금은 생산 하지 않는다. 중고차다 보니 이런저런 잔고장이 많았다. 무리해서라 도 새 차를 사고 싶었다. 벼르고 별러 새 차를 사러 갔다. 원래 사려던 차종은 지금도 생산하는 H사의 차종이었다. 차를 사려고 여러 전시장을 둘러보다 우연히 새로 자동차시장에 진입한 업체를 방문했다. 디자인이 마음에 들었다. 관심 밖의 차였지만 이날 이후 모든 것이 달라졌다. 좀 더 고민해 보기로 하고 매장을 나온 이후부터 그 차만 보였다. 평소 잘 보이지 않던 그 차는 그날 이후 하루에 적어도 100대 이상은 내 눈에 띄었다. 그 당시 내가 살던 집 기준으로 오른쪽 세 번째 집 아저씨도 그 차를 가지고 있었다. 그뿐만 아니라 직장 동료 중 한 사람이 몰던 차도 바로 그 차였다. 맙소사 그 사실을 이제야 알게 되다니….

'관심도 없던 꽃가게에서 발길이 멈춰져요.'라는 가사가 들어간 윤종신의 노래가 있다. 이 노랫말의 주인공은 사랑에 빠진 이후로 평소 하지 않던 행동을 한다. 꽃가게 앞에서 발길을 멈추는 것뿐만 아니라 샤워도 자주 하고, 제목도 모르는 노래를 따라 부른다. 지하철 안에서 벌어지는 일도 흥미롭다. 아름다운 여성에게 눈길을 주던 그가 더는 쳐다보지 않는다. 지하철 유리창에 비친 자기 모습을 보며 웃기까지 한다. 평소 하지 않던 행동이라 자신은 물론이고 엄마도 놀라워한다. 이 노랫말은 결코 허튼소리가 아니다. 뇌가 그렇게 작동하기 때문이다. 관심도 없던 대상에 관심을 쏟고 평소 하지 않던 행동을 하게 만드는 것은 바로 뇌다. 나와 가사 속 주인공만 그런 것이 아니라 모두가 이와 비슷한 경험을 한다.

간절히 원하면 얻는다. 이는 신경학적으로 옳다. 만약 당신이 테슬라에서 나온 신형 전기차를 사려고 마음을 먹었다면 지나가는 자동차 가운데 테슬라 자동차가 유독 더 눈에 잘 들어온다는 사실을 눈치챌 것이다. 테슬라에 관심이 전혀 없을 때는 눈에 띄지 않던 테슬라 자동차가 말이다.

이미 알다시피 도파민은 무언가를 기대할 때 그리고 기대가 충족되었을 때 분비된다. 도파민은 전두엽과 함께 집중력에 관여한다. 윤종신의 노래 가사 속 주인공은 지하철 안에서 아름다운 여성을 보려는 욕망을 쉽게 억제한다. 그 이유는 노래 가사에 나오는 것처럼 몇 정거장 지나면 사랑하는 연인을 만나기 때문이다. 연인을 만난다는 기대감은 도파민 분비를 촉진하고 집중력은 사랑하는 연인만을 바라보도록 이끈다. 쉽게 말해 도파민은 연인을 보상이라고 인지한다. 보상을 기대할 때 그것이 무엇이든 도파민이 작용한다. 이때 전두엽의 억제력은 강화한다. 아름다운 여자들을 보려는 욕망은 잠시 후 사랑하는 연인을 만난다는 기대 앞에 무력해진다.

평소에 관심도 없던 자동차가 하루에 100대씩 보이는 이유도 마찬가지다. 자동차를 가지고 싶은 욕망은 기대감이다. 뇌 안의 도파민 수치는 최대로 오른다. 집중력이 몰라보게 좋아진다. 여기서 더 놀라운 점은 내가 갖고 싶어 하는 자동차를 반복해서 보면 뉴런 신경연결은 점점 더 강해진다는 사실이다. 처음에는 보려고 고개를 두리번거려야 했다면 이제는 저절로 고개가 돌아간다. 어렴풋한 실루엣만으로도 알아차린다. 눈에 보일락 말락 한 거리에서부터 알아볼 수 있을 정도로 아주 사소한 자극에도 신경망은 쉽게 활성화한다. 하나님이 구하고 바라고 문을 계속 두드리면 얻을 수 있다고 말한 이유가 바로 여기에 있다. 기대감은 못 보던 것을 보도록 해준다. 잘 보이지 않던 것을 선명하게 보여준다. 내 눈에 보이지 않는다고 해서 존재하지 않는다고 생각하는 것은 잘못이다. 그것이 무엇이든 뇌 안에 존재한다면 존재하는 것이다.

좋은 글도 간절한 마음에서 나온다. 지금 쓰고 있는 글을 간절히 사랑해 보라. 놀라운 일이 벌어진다. 신경망의 힘을 활용해야 한다. 간절한 마음은 내가 생각하지 못했던 아이디어를 떠올리고 발견하도록 해준다. 머리를 짜내 생각해내려고 해도 생각나지 않던 내용이 마침 딱 필요할 때 저절로 떠오른다. 얼마나 신기한지 경험해 보지 않으면 모른다. 매번 그런 것은 아니지만 나는 이런 경험을 자주 한다. 글이 쓰기 싫어지거나 지금 쓰는 글에 애착이 없으면 글은 잘 써지지 않는다. 장마다 억지로 생각을 쥐어짜야 한다. 그마저도 잘 안 된다. 자료조사를 하기는 했지만, 글에 녹이지 못한다. 주제에 맞는 쓸 만한 자료가 있음에도 잘 찾아내지 못한다. 글은 산으로 가고 시간은 오래 걸린다. 수정 작업도 여의치 않다. 애착이 없으니 주의력도 떨어진다. 내가 쓴 글이지만 1시간도 보고 있기 힘들다.

자기가 좋아하고 사랑하는 주제의 글을 써라. 단기간의 성공을

맛보려는 얄팍한 속셈으로 잠깐 유행하는 소재에 숟가락을 얹지 마라. 쓰고 싶지 않은 장르를 기웃거리며 시간을 허비하지 마라. 마음이 원하지 않으면 성공하지 못한다. 모든 것은 흐름이 있고, 그 흐름에 동참하는 것은 좋은 일이다. 하지만 흐름에 올라타기 전에 먼저 자신에게 질문을 던져야 한다. 정말 좋아서 하는 일인지 말이다. 기회를 잡는 것도 중요하지만 뇌까지 속일 수는 없다. 뇌가 원하지 않으면, 뇌의 허락을 받지 않았다면, 그 일이 무엇이든 좋은 결과를 기대하기 어렵다. 좋아하지도 쓰고 싶지도 않은 글을 쓰는 일은 사랑하지도 않는 사람과 사랑해야 하는 것만큼 고통스럽고 슬픈 일이다. 상대의 재산이 아무리 많아도 상대의 미모가 아무리 뛰어나도 진정한 사랑이 없다면 그 사랑은 오래가지 못한다. 재물과 미모가 전부는 아니다. 더 중요한 것은 간절하고 애틋한 마음이다.

나도 잠시 유행하는 글을 써보려고 발버둥을 친 적이 있다. 심지어는 눈앞의 성공에 눈이 멀어 스스로 옳지 않다고 생각한 강의를 하려고 한 적도 있다. 다행히 준비만 하고 구체적인 행동으로 옮기지 않았다. 지금 생각해도 아찔하다. 행동에 옮겼다고 해도 성과를 올리지 못했거나 금방 포기했을 것이다. 무엇보다 준비하는 과정이 너무 힘들었다. 좋아하지 않으니 쉽게 풀릴 리 없었다. 매일 불안과 싸우다 보니 자연스럽게 집중력도 떨어졌다. 편도체가 활성화한다는 것은 전두엽이 침묵한다는 증거다. 전두엽의 침묵은 좋지 않은 징조다.

무슨 일이든 마찬가지다. 사랑하는 마음이 없는 데 오래 할 수 있을까? 눈에 보이지 않았던 기발한 생각을 글에 녹이고 싶다면 좋아하는 주제를 찾아라. 내 글을 사랑하라. 그리고 한 자 한 자 간절한 마음으로 써라. 삼박자가 맞아떨어졌을 때 자기도 믿기 어려울 만큼 좋은 글과 만난다.

자랑 내 글이 멋져 보일 때가 가장 위험한 순간이다

오류를 바로잡으려면 먼저 인지해야 하고, 다음으로 그것을 받아들여야 한다. 하지만 오류를 받아들이는 일은 쉬운 일이 아니다. 자기 잘못을 인정하는 일만큼 어려운 일도 없다. 뇌가 하는 많은 일 가운데 가장 중요한 일이 자기 보호다. 자기가 남보다 잘나 보여야 보호하기 쉬우므로 대부분의 사람은 자기가 한 일에 호의적이다. 따라서 자신의 실수나 오류를 드러내는 일은 순리에 어긋난다. 뇌는 도전으로 받아들인다. 뇌에 빨간 불이 들어오고, 즉시 흥분상태에 들어간다.

뇌의 편도체가 흥분하면 몸에 좋지 않은 화학물질이 분비된다. 뇌는 외부의 적으로부터 몸을 보호하려고 스트레스에 반응하는 화학물질을 내보낸다. 바로 아드레날린과 코르티솔이다. 아드레날린은 운동신경에 작용하여 동공을 확대하고 혈압을 높이고 맥박을 빨리 뛰게 한다. 뇌는 여기에 모든 에너지를 쏟아붓는다. 밥을 먹고 소화하는 일 등은 뒷전으로 밀린다. 스트레스를 받으면 입맛이 없거나 소화가 잘 안 되는데 그 이유가 여기에 있다. 신체적인 과민반응은 인류가 예전부터 길러 온 기술이다. 맹수가 나타났을 때 동공이 커지면 위기를 모면하는 데 효과적이다. 맥박과 혈액 상승은 한가하게 여유를 즐길 때가 아니라 재빨리 도망쳐야 할 때라는 뇌의 신호다. 신속한 뇌의 경고 덕분에 인류는 맹수를 보자마자 빠르게 도망쳐 살아남을 수 있었다.

이러한 뇌의 메커니즘은 지금도 남아있다. 물론 지금은 맹수가 갑자기 나타나거나 하지 않는다. 맹수처럼 강력한 한 방은 사라졌지만 새로운 적이 우리를 괴롭힌다. 매달 갚아야 하는 카드 대금부터 직장 상사의 잔소리, 남과의 경쟁, 그리고 배우자나 부모와 자식 간의 갈등까지 요즘 세상은 인류의 조상이 겪어보지 못했던 새로운 맹수가 득시글댄다. 큰 한 방이 아니라 무수히 많은 잽이 매일 우리를 괴롭힌다. 현대인은 자기도 모르게 서서히 죽어간다.

전쟁은 첨단 무기의 각축장이다. 첨단 무기의 발달로 현대전은 정확하고 빨라졌다. 덕분에 민간인 희생자도 많이 줄었다. 하지만 완전히 사라진 것은 아니다. 아직도 전쟁은 없애야 하는 대상이나 목표물만 정확하게 찾아내 처리하지 못한다. 민간인의 불가피한 희생이 따른다. 뇌의 명령으로 출동한 아드레날린과 코르티솔도 마찬가지다. 이들의 임무는 자신의 몸을 지키는 것이지만 현실 세계의 전쟁처럼 자신의 몸을 파괴하기도 한다. 스트레스에 오래 노출되어 코르티솔이 체내에 오래 머물면 머물수록 면역력이 떨어진다. 면역력이 떨어지면 각종 질병에 걸리기 쉽다. 몸을 지켜야 할 군대가 오히려 몸을 해치는 꼴이다.

스트레스는 내가 원하는 일이 아니다. 따라서 대부분 자신의 의지와 상관없이 찾아온다. 그런데 자기 스스로 스트레스를 부를 때가 있다. 글을 쓸 때도 이런 일이 벌어진다. 초보자가 가장 피해야 하는 태도는 자기 과신이다. 누구나 무르익지 않은 실력을 자랑하고 싶어질 때가 있다. 이때 무턱대고 누군가에게 글을 보여주면 꼼짝없이 뇌가 가장 싫어하는 상황과 맞닥뜨려야 한다. 노련한 작가가 초보 작가에게 하는 충고 가운데 가장 쓸 만한 충고는 초고를 남에게 보여주지 말라는 것이다. 내 글이 멋져 보일 때가 가장 위험한 순간이다. 내가 보는 앞에서 시험지 답안을 채점하는 선생님을 떠올려 보라. 간은 콩알만 해지고 식은땀이 흐르면서 몸은 경직된다. 뇌는 이런 경험을 다시는 하고 싶지 않다고 결정을 내린다. 이런 상황이 일어나지 않도록 해도 모자랄 판에 스스로 이런 상황을 만드는 것은 어리석기 짝이 없는 일이다.

내가 쓴 원고가 누군가에게 그저 그런 평가를 받았다면 그 사실을 인정하기보다 위협으로 간주하고 행동에 들어갈 확률이 더 높다. 이런 일을 감지하고 판단하는 뇌의 부위가 있다. 전대상피질이다. 뇌과학자들은 신체적 고통을 연구하면서 사회와 나 사이에 불일치가 일어날 때 가장 활성화하는 부위가 전대상피질이라는 사실을 알아냈다. 전대상피질은 바깥에서 일어나는 일과 내부에서 일어나는 일의 불일치를 감지하는 오류탐지기다. 내 글을 보여주는 심리는 "대단한데!", "엄청난 글을 썼군.", "네게 이런 재능이 있는지 몰랐는걸.", "훌륭해", "출판사가 줄을 설 거야."라는 따위의 반응을 기대하기 때문이다. 전대상피질은 내 안에 이런 기대로 가득 차 있다는 사실을 잘 안다. 이제 외부 반응만이 전대상피질의 관심사다. 오류가 발생하느냐 아니냐에 따라 전대상피질의 활성화가 결정된다. 이때 내 글을 본 사람들의 반응이 뜨뜻미지근하면 전대상피질이 활성화한다. 부끄러움을 느끼기 시작한다. 맥박이 빨라지고 동공이 커진다. 물론 손에서 땀도 난다. 무언가 잘못되었기 때문에 전대상피질은 이러한 오류를 바로잡으려고 한다.

불편한 진실과 마주했을 때 나타나는 반응은 두 가지다. 먼저 상대가 틀렸다고 무시해버린다. "글도 쓸 줄 모르는 주제에 누구 글을 평가해?" 혹은 "글을 보여 준 내가 잘못이지 네가 무슨 글을 알겠어!"라며 인정하려 들지 않는다. 다른 하나는 더 심각하다. "난 소질이 없나 봐!"라고 하면서 두 번 다시 같은 일을 경험하지 않으려고 아예 글쓰기를 포기한다. 뇌가 나를 보호하려는 이 두 가지 중 어느 하나도 우리가 바라는 일이 아니다.

가장 좋은 방법은 처음부터 이런 일이 생기지 않도록 하는 것뿐이다. 초고는 고이 간직하기 바란다. 무르익지 않은 실력으로 쓴 다듬어지지 않은 글을 누군가에게 평가받고자 하는 일만큼 무모하고 어리석은 일도 없다. 자기 목을 스스로 조르지 마라. 원숙한 경지에 올랐을 때 신경 써서 고른 몇몇 사람에게 열린 마음으로 평가를 기다릴 수 있을 때까지 어수룩함을 티 내지 말아야 한다.

감시받는 일과 감시하는 일 중에서 어떤 일이 쉬울까? 실력이 없는 사람도 눈을 부라리며 누군가를 감독하거나 감시하는 일을 즐긴다. 부담이 없는 상황이라면 더 그렇다. 첫 책을 내려고 글을 열심히 쓸 때 있었던 일이다. 글과 아무런 관련이 없는 사람에게 원고를 보여주었다. 그는 글을 써본 적도 없고, 일 년에 책 한 권 읽지 않는 사람이었다. 그야말로 "네가 무슨 글을 알겠어!"에 해당하는 사람이었다. 그런 그가 뼈를 때리는 귀한 조언을 해주었다. "잘 쓰긴 했는데 문장이 너무 딱딱해. 좀 더 이해하기 쉽도록 쓰면 안 될까? 그리고 이 부분은 앞뒤가 안 맞는데? 봐봐 순서가 틀렸어. 이 부분이 앞으로 와야 맞지." 물론 그의 말은 모두 정확했다.

조언은 분명 필요하다. 하지만 다듬어지지 않은 얄팍한 글을 자기 눈에 그럴듯하게 보인다고 해서 가볍게 행동해서는 안 된다. 초고를 다 썼으면 내 글이 생소해질 때까지 기다린 다음 다시 꺼내서 다듬어야 한다. 고치고 또 고쳐야 한다. 더는 고칠 것이 없다고 생각했을 때 멈춰라. 자기가 쓴 글을 자기가 고치는 데는 한계가 있기 마련이다. 이제야 비로소 다른 사람의 눈을 빌려야 할 차례다. 이때도 무분별하게 여러 사람에게 보여주는 실수를 해서는 안 된다. 가장 가까운 사람 한 명에게 보여줘라. 나 같은 경우 아내에게 보여준다. 그 외에는 절대 보여주지 않는다. 비판을 받아들여 고쳤다면 출판사에 보내라. 출판사에서 거절 메일이 숱하게 도착할 것이다. 좌절할 필요는 없다. 미셸 프루스트가 쓴 불멸의 작품 〈잃어버린 시간을 찾아서〉 초판은 출판사를 찾지 못해 자비 출판했다. 위대한 작품도 처음에는 숱한 거절을 당한다. 〈해리포터와 마법사의 돌〉 역시 많은 출판사로부터 거절을 당한 후 가까스로 세상에 나왔다.

비판에 견딜 자신이 없다면 스스로 비판받을 일을 만들어서는 안 된다. 글을 쓰면서 출판사로부터 받을 거절 메일만 해도 산더미다. 불필요하게 앞서 나가지 마라. 묵묵히 글을 써라. 출판사의 거절 메일을 하나의 과정으로 생각하라. 겸손한 자세로 글을 쓰다 보면 반드시 기회가 온다. 그때 환호해도 늦지 않다. 마음껏 자랑하고 샴페인을 터트려라. 하지만 그때까지는 제발 부탁이니 자제하기 바란다.

방심 글쓰기에 자신이 생겼을 때 큰 일이 터진다

글은 왜 한번에 잘 써지지 않을까? 자리에 앉자마자 고민 없이 글을 쓸 수 있다면 얼마나 좋을까? 글을 쓰려고 앉으면 무엇을 쓸지, 어떻게 시작할지부터 고민한다. 1인칭이 좋을지, 3인칭이 좋을지, 간결하게 쓸지, 속속들이 표현할지를 비롯해 여러 복잡한 생각이 무질서하게 펼쳐진다. 작가와 글 쓰는 사람은 이 무질서함 속에서 진주를 캐내야 한다. 초고를 쓰는 일은 가보지 않은 낯선 길을 가는 것과 마찬가지로 막막하고 두렵다.

연구에 따르면 똑똑한 사람일수록 뇌를 덜 쓴다고 한다. 일을 더 능숙하게 잘하는 사람의 뇌는 그렇지 않은 사람의 뇌보다 덜 활성화한다. 왜 그럴까? 뇌는 한 무대에 두 배우를 올리지 못한다. 차근차근 하나씩 풀어나가려는 뇌와 최대한 빨리 끝내려는 뇌가 서로 충돌한다. 에너지를 많이 소모하는 뇌와 에너지 소모가 적은 뇌의 싸움이다. 초보일 때는 에너지 소모가 많다. 주의를 기울이지 않으면 어떤 것도 배우지 못하므로 당연한 일이다. 따라서 이때는 차근차근 하나씩 풀어나가는 뇌가 무대에 오른다. 능숙해지면 주의를 기울이지 않아도 잘한다. 에너지 소모가 없어도 좋은 성과를 올린다. 이때는 일을 빨리 끝내려는 뇌가 무대에 오른다. 능숙해지면 무리하게 뇌를 쓰지 않아도 된다.

능숙해지면 에너지가 남아돌기 때문에 남보다 더 오래 더 많은 일을 해낼 수 있다. 그렇다고 착각해서는 안 된다. 에너지를 덜 쓰면서 더 많은 글을 생산해 낼 가능성이 크다는 것이지 글 쓰는 일이 쉬워진다는 말은 아니다. 아쉽지만, 글쓰기는 기술을 배우는 것과 다르다. 기술은 시간이 갈수록 능숙해지지만 글쓰기는 그렇지 않다. 작가는 새로운 글을 쓸 때마다 같은 고통에 시달린다. 초보일 때보다는 덜 하겠지만 창작의 고통은 늘 존재한다.

글쓰기에서 익숙함은 좋은 일만은 아니다. 익숙함에 너무 의존하다 보면 중요한 순간에 큰 실수를 저지른다. 때로는 익숙함이 잘 작동하는지 살펴야 한다. 글쓰기에 자신이 생겼을 때 큰일이 터진다. 문장의 사소한 오류를 지나쳐버리거나, 주제와 어긋나는 내용을 발견하지 못한다면 작가로서 자격 상실이다.

좋은 작가는 방심하지 않는다. 나쁜 작가는 익숙함이 주는 편안함에 취한다. 시간이 갈수록 실력이 늘면서 좋은 글을 쓰는 작가가 있는가 하면, 시간이 갈수록 형편없어지는 작가도 있다. 좋은 작가일수록 에너지를 덜 쓰려고 하기보다는 에너지를 효율적으로 쓰려고 한다. 무작정 쉬운 길로 가려 하기보다는 때에 따라서 어려운 길을 선택하기도 한다. 헤밍웨이에게 노벨문학상을 안겨 준 〈노인과 바다〉는 그가 살아 있을 때 마지막으로 출간한 장편소설이다. 무르익을 대로 무르익은 작가가 방심하지 않고 노력을 기울일 때 얼마나 훌륭한 작품을 써내는지 보여주는 좋은 사례다. 헤밍웨이는 〈노인과 바다〉에 대해 이렇게 말했다. "〈노인과 바다〉는 제 평생을 바쳐 쓴 글입니다. 쉽고 편안하게 읽히는 짧은 글처럼 보이지만 눈에 보이는 세상의 모든 면이 담겨 있고 동시에 인간의 정신세계도 담겨 있지요. 지금으로서는 내 능력으로 쓸 수 있는 가장 훌륭한 글입니다." 그는 〈노인과 바다〉를 300번 넘게 고쳐 썼다.

나태해지려는 욕망은 인간의 본성이다. 같은 일을 반복하다 보면 익숙함을 넘어 매너리즘에 빠진다. 매너리즘이란 열의가 사라진 상태를 말한다. 그저 지루한 반복일 뿐이다. 크고 작은 사건 사고는 바로 이때 일어난다. 작가라면 새로운 도전을 준비해야 한다. 하나의 작품이 끝났다면, 하나의 글을 다 썼다면 모든 것을 새롭게 다시 시작해야 한다. 글 쓰는 사람이 매너리즘에 빠지면 구제 불능 상태가 된다. 좋은 작가는 글쓰기가 점점 쉬워진다고 말하지 않는다. 글쓰기는 쓸 때마다 어렵고 힘겨운 싸움이다. 글쓰기가 쉬워졌다는 말은 요령이 생겼다는 말이고, 글쓰기에서 요령은 아무짝에도 쓸모가 없다.

서른여덟이 되어서야 〈뉴욕 3부작〉으로 명성을 쌓은 폴 오스터는 글쓰기가 쉬워졌는지 묻는 말에 이렇게 대답했다. "아니요. 제가 과거에 책을 썼다는 사실은 전혀 아무런 역할도 하지 못하는 것처럼 보입니다. 항상 초심자라 느끼며, 계속해서 똑같은 문제, 똑같은 장애물, 똑같은 절망에 부딪히지요. 그러니 작가란 직업은 자신을 참으로 겸허하게 만드는 일이라고 해야겠지요." 글이 낯설어지고 어려워질 때 좋은 글이 나온다. 창작의 고통은 반갑지 않은 일이지만 좋은 글을 쓰는 원동력으로 작용한다.

훌륭한 작가라도 방심하면 오류를 저지른다. 하드보일드 소설의 대가이며 〈빅 슬립〉, 〈기나긴 이별〉로 유명한 레이먼드 챈들러는 등장인물 가운데 한 명을 잊어버리는 실수를 저질렀다. 그는 〈빅 슬립〉에서 살해당한 운전사 한 명을 영원히 지나치고 말았다. 이 사실을 발견한 사람이 그에게 묻자. 그는 당황해하며 '깜빡'했다고 말했다. 〈사이코〉, 〈새〉, 〈현기증〉을 비롯한 불멸의 작품을 남긴 앨프레드 히치콕 감독도 같은 일을 경험했다. 〈사이코〉의 촬영을 끝내고 시사회까지 무사히 마친 히치콕과 제작자들은 축하의 박수를 받았다. 그때 한 사람이 이의를 제기했다. "작품을 다시 찍어야 해요." 모두가 놀라 그녀를 쳐다보았다. "샤워실 장면에서 죽은 여배우가 침을 삼켰어요." 그녀의 말 한마디로 이 장면은 다시 촬영해야만 했다. 실수를 지적한 사람은 앨프레드 히치콕 감독의 아내였다.

여러 나라의 언어로 번역되기도 한 〈은마는 오지 않는다〉, 베트남 전쟁을 무대로 펼쳐지는 〈하얀 전쟁〉 그리고 〈헐리우드 키드의 생애〉까지 굵직한 작품을 써낸 안정효 작가가 잡지사에 투고할 장편을 쓸 때 일이다. 제목은 〈전쟁과 도시〉였다. 등장인물만 해도 수십 명이었다. 이 작품은 〈실천문학〉에 연재를 시작했다. 어느 날 편집부 직원이

물었다. "작가님, 이 사람은 지난 호에 죽었는데요." 제목을 〈하얀 전쟁〉으로 바꾸고 다시 고쳐 썼을 때 비슷한 문제가 발생했다. 병사 한 명이 철모를 의자 삼아 앉아 쉬는 장면이었다. 전쟁 중인 병사가 철모를 의자 삼아 쉬는 일은 흔하다. 이 장면은 아무런 문제가 없는 듯했다. 하지만 곧 오류로 밝혀졌다. 이 병사는 베트콩 병사로 위장한 채 작전을 수행하고 있었다. 베트콩은 철모를 쓰지 않는다.

테슬라 전기차를 사려는 목표가 테슬라 전기차를 더 잘 보이게 하듯이 글을 쓰려고 마음먹었다면 한눈을 팔지 말아야 한다. 작품에 완전히 몰입하는 작가는 사소한 실수를 놓치지 않는다. 좋은 작가는 무대에 올릴 배우를 하나로 못 박지 않는다. 빠르게 일을 처리하는 배우뿐만 아니라 차근차근 풀어나가는 배우도 필요하다는 사실을 잘 안다. 무라카미 하루키는 초고를 6개월 만에 쓴 다음 수정 작업을 또다시 6개월 동안 한다. 정유정은 초고를 늦어도 3개월 안에 끝마친다. 이후 1년이 넘도록 고치고 또 고친다. 레이먼드 카버 역시 초고를 빨리 쓰는 것으로 알려져 있다. 그는 초고를 앉은 자리에서 한번에 쭉 쓴다. 그리고 많은 시간을 수정하고 다시 쓴다. 적어도 세 번이나 네 번쯤 고치고 나서야 작품의 윤곽이 잡힌다고 말한다. 더는 올라갈 때가 없다고 생각한 톨스토이도 글을 고치는 일에 집착했다. 마지막 교정쇄까지도 고쳤으며, 〈전쟁과 평화〉는 여덟 번이나 수정했다. 그것도 부족해 인쇄소까지 찾아가 자기 글을 고쳤다. 훌륭한 작가는 사소한 실수도 놓치지 않으려고 애쓴다. 이들은 모두 빠르게 처리하는 뇌가 무대에서 내려오자마자 차근차근 풀어나가는 뇌를 곧바로 무대 위에 올렸다.

작가는 무질서 속에서 진주를 캐내는 사람이다. 어디에 진주가 묻혀 있는지 모르므로 빠르게 곳곳을 뒤져야 한다. 시간을 지체하면 진주는 사라지고 만다. 진주를 발견했다면 흥분을 가라앉혀야 한다. 발견한 이상 진주는 도망가지 않는다. 진주를 캐낼 때 서둘러서는 안 된다. 서두르다 보면 진주에 상처가 생긴다. 흠집 난 진주는 값어치가 반으로 줄어든다. 완전한 진주를 캐내려면 주의를 기울여야 한다. 사소한 실수도 용납해서는 안 된다. 진주를 캐낼 자격이 있는지 없는지 자신이 제일 잘 안다. 일 처리를 빠르고 꼼꼼하게 할 자신이 없다면 글 쓰는 일에 뛰어들어서는 안 된다. 하지만 그럴 준비가 되었다면 자기에게 딱 맞는 일을 찾았으므로 머뭇거리지 말고 뛰어들어라.

3

독자의 뇌

독자의 뇌

하나 한 문장 안에는 반드시 하나의 내용만 담도록 하라

뇌의 작동방식을 이해하는 일이 글 쓰는 사람만을 위한 것은 아니다. 글은 전달이 목적이므로 누군가 읽어 주기를 바라는 마음으로 쓴다. 독자가 이해하기 쉽도록 쓰는 일은 작가로서 글 쓰는 사람으로서 가장 중요하게 여겨야 할 부분이다. 독자가 이해하기 쉽도록 쓰려면 뇌가 어떻게 작동하는지 잘 알아야 한다. 글 쓰는 행위도 글을 읽는 행위도 뇌가 하는 일이기 때문이다.

뇌는 단순함과 복잡함 가운데 어떤 것을 좋아할까? 뇌는 에너지를 효율적으로 쓰려고 늘 노력한다. 복잡하지 않고 단순해야 에너지도 덜 든다. 사람은 두 가지 일을 동시에 잘 해낼 수 있을까? 예를 들어 친구와 전화하면서 졸업 논문 쓰는 일이 가능할까? 아니면 엄마와 대화하면서 수학문제를 제대로 풀 수 있을까? 모두 불가능한 일이다. 나는 할 수 있다고 말하는 사람도 있겠지만 그것은 착각이다. 신은 두 가지 일을 동시에 잘하도록 뇌를 설계하지 않았다.

평균적인 뇌가 작업대에 올려놓을 수 있는 작업량은 4~5개다. 어떤 학자들은 7개까지 처리할 수 있다고 보기도 한다. 어쨌든 그 이상은 힘들다. 전두엽에 자리 잡은 작업기억은 4~5개의 작업을 짧은 시간 담아둔다. 여기서 기억해야 할 점은 작업량은 작업대에 올릴 수 있는 숫자일 뿐이라는 사실이다. 해야 할 일을 작업대에 올려놓는 것과 쓰는 것은 다르다. 뇌는 여러 작업을 수행할 때 한 번에 한 가지씩 처리한다. 작업대 위에 펼쳐 놓은 작업 여러 개를 동시에 하지 못한다. 정비사가 작업대에 놓인 드라이버와 망치를 동시에 사용할 수 없는 것과 같은 이치다. 이 점을 잘 알아두어야 한다.

다양한 일을 동시에 하는 일이 왜 불가능한지 이해하기 힘든 이유는 뇌는 한 번에 하나의 일을 하지만, 그 일을 재빠르게 처리하기 때문이다. 정비사가 드라이버와 망치를 눈으로 따라가기 힘든 속도로 번갈아 쓰는 모습을 본다면 사람들은 정비사가 두 개의 도구를 동시에 쓰는 것처럼 느낄 것이다. 뇌는 4~5개의 작업을 우리가 느낄 새도 없이 빠른 속도로 바꿔가며 수행한다. 문제는 작업량이 많으면 많을수록 일의 완성도가 떨어진다는 점이다. 정비사의 행동은 능숙해

보이지만 허점이 많다. 두 개의 도구를 빠른 속도로 번갈아 쓰다 보면 나사 하나를 끝까지 조이지 못할 수도 있고, 못 박는 걸 빼먹는 실수를 저지르기도 하는데 이는 치명적인 결과로 이어진다. 뇌도 마찬가지다. 운전하면서 전화 통화를 한다고 생각해 보자. 교통량이 적은 한적한 도로 상황이라면 운전자는 부담 없이 전화기를 꺼내 들 것이다. 뇌는 운전하는 행위와 누군가와 전화하는 행위를 재빠르게 수행한다. 하지만 이때 돌발 상황이 벌어지면 어떻게 될까? 운전에만 열중한 사람과 운전과 전화 통화를 오가면서 주의를 분산한 사람의 결과는 하늘과 땅 차이다. 삶과 죽음을 가를 수도 있다.

뇌가 하는 일을 제대로 이해하지 못하면 기쁜 일보다 슬픈 일을 더 많이 겪어야 한다. 독자를 힘들게 하면 슬픈 일이 벌어진다. 책을 읽을 때 집중력은 올라간다. 쓰는 일보다 덜 하지만 읽는 일도 에너지를 소비한다. 똑같은 주제의 책이 있다고 생각해 보자. 독자가 선택하는 책은 어떤 책일까? 물론 여기서 말하는 선택도 뇌가 하는 일이다. 따라서 뇌는 에너지 소모가 적은 책을 고른다. 뇌의 특성을 고려하면 당연한 일이다. 그러면 어떤 글이 에너지 소모가 적을까?

독자의 주의가 분산되면 될수록 에너지 소모가 많다. 내용이 어려워서 여러 번 읽어야 하거나 한 문장에 많은 의미가 들어 있을 때 주의가 분산된다. 뇌는 집중력을 최고로 올려야 한다. 뇌가 바라지 않는 상황이다. 뇌는 에너지를 많이 쓰는 일을 좋아하지 않는다. 이런 글을 반길 리 없다.

단문으로 써야 하는 이유는 사람은 한 번에 한 가지만 집중할 수 있기 때문이다. 한 문장에 너무 많은 내용을 담거나 화려한 수식어를 남발하면 독자는 내용에 집중하기 어렵다. 뇌는 수식어구나 이런저런 내용을 생각하면서 혼란에 빠진다. 운전과 전화 통화를 오가다가 돌발 상황을 만난 운전자처럼 말이다.

뇌의 특성을 이해하면 왜 단문으로 담백하게 하나의 내용을 한 문장에 담아야 하는지 명백해진다. 뉴런은 하나에 불이 붙으면 연쇄반응을 일으켜 생각의 퍼레이드를 펼친다. 문장이 복잡하고 길면 생각의 파편이 흩어지면서 책의 내용과 상관없는 곳까지 흘러가 버린다. 이런 글을 다 읽고 나면 무슨 내용이었는지 제대로 기억나지 않는데 그 이유는 생각의 파편이 너무 폭넓게 펼쳐져 책에 나오지 않은 내용까지 책에서 본 것처럼 느끼기 때문이다. 안 그래도 이해하기 어려운 내용이 더 복잡하게 얽히고설킴으로써 독자는 책을 읽었지만 읽지 않는 것과 비슷한 상태가 된다.

독자의 눈을 사로잡으려면 한 문장에 하나의 의미만 담아야 한다. 글 쓰는 사람이라면 꼭 명심해야 한다. 하지만 생각처럼 쉽지 않다. 첨삭지도를 하면서 많은 사람의 글을 읽었다. 이들의 문제점을 알아내는 일은 어렵지 않다. 나를 포함해서 초보자가 많이 저지르는 실수는 마침표를 제때 찍지 못한다는 점이다. 장문의 유혹을 이겨내기란 쉽지 않다. 그 이유 역시 뇌에 있다. 생각의 파편을 정리하는 일은 노련한 작가도 여러 번 훈련을 거쳐야만 가능하다. 첫 번째 시나리오는 길들지 않은 야생마와 같다. 야생마를 길들이려면 시간이 필요하다.

글쓰기 강의를 하다 보면 묘한 일을 경험한다. 나는 프리라이팅을 강조하면서 아무 글이나 쓰라고 말한다. 고민 없이 한번에 쓰는 수강생은 드물다. 대부분 눈만 껌뻑거리고 내 눈치만 본다. 부담감을 풀어주려고 이런저런 얘기를 해주면 그제야 쓰기 시작한다. 이때 놀라운 일이 벌어진다. 한 글자도 쓰기 어렵던 사람이 글을 쓰기 시작하자 막힘없이 쓴다. 대부분 그렇다. 물론 그렇게 쓴 글은 이해하기 어렵고 어수룩하며 문장은 엿가락처럼 늘어진다. 글을 쓰기 시작하면 어느 순간 첫 번째 시나리오가 작동하면서 생각이 꼬리를 물고 번진다. 초보자는 어렵게 떠오른 생각을 놓치고 싶지 않아서 종이에 모두 쏟아낸다. 그러다 보니 마침표는커녕 한 문장 안에 수많은 이야기가 들어간다. 당연한 일이다. 본능은 슈퍼맨보다 강하다. 첫 번째 시나리오가 깨어나면 걷잡을 수 없다. 질주 본능을 잠재우는 단 하나의 해결책은 부단한 노력뿐이다.

긴 문장의 해로움은 또 있다. 자기 자신도 속인다는 점이다. 예를 들어보자. 마트에 가서 5가지 물건을 사야 한다. 이 일을 잘 마무리하려면 뇌의 작업기억이 필요하다. 마트가 가까운 집 앞에 있다면 아무 문제가 없다. 작업기억의 작업대 위에 5개의 도구를 잠깐 올리는 일은 어렵지 않다. 상황을 바꿔보자. 이제 마트는 버스를 타고 몇 정거장 간 후 다시 지하철로 갈아타서 또 몇 정거장 가야 한다. 작업기억은 문제없이 작동할까? 첫 번째 조건일 때 아무 문제 없던 사람도 두 번째 조건에서는 문제가 달라진다. 때에 따라서는 종이에 옮겨 적어야 하는 사람도 생긴다. 작업기억은 아주 잠깐 머무르는 장소다. 거리가 멀면 멀수록 기억은 희미해진다. 더군다나 중간중간 우리를 자극하는 일들이 벌어진다. 이런저런 일에 신경을 빼앗기면 작업대에 놓였던 도구들은 더 빨리 사라진다. 결국 한두 가지를 빼먹고 집으로 돌아온다. 뭘 사려고 했는지 기억조차 없다가 집에 와서야 생각난다. 심지어 며칠이 지나서야 알아차리는 사람도 있다.

장문을 쓸 때 이와 비슷한 일이 벌어진다. 처음 쓴 주어와 마지막 서술어가 전혀 맞지 않는다. 그 이유는 문장이 길어지면서 작가의 주의가 엉뚱한 곳으로 옮겨가 버렸기 때문이다. 길을 잃으면 엉뚱한 곳으로 나오듯이 주어와 맞지 않는 엉뚱한 서술어가 나온다. 서술어뿐만 아니라 목적어와도 맞지 않고 논리적으로도 맞지 않는 문장을 쓴다. 더 심각한 문제는 작가 자신이 이러한 오류를 알아차리지 못한다는 점이다. 문장이 길어서 어느 곳이 어색하고 잘못되었는지 깨닫지 못하는 것이다.

어색하거나 모호하며 어려운 문장은 독자의 발길을 돌리게 한다. 같은 주제의 책이나 블로그 글을 고를 때 문장 하나하나 보면서 고르는 사람이 있을까? 하고 생각하기 쉽지만 그렇지 않다. 나는 느끼지 못하더라도 뇌는 느낀다. 의식해서 선택하는 것이 아니라 무의식이 결정을 내린다. 무의식은 내가 눈치채지 못한 어색한 문장을 잡아낸다. 뭔지 모르지만, A라는 책을 고른 이유는 있게 마련이다.

독자의 뇌를 복잡하게 하지 말아야 한다. 주의를 분산시키지 말아야 한다. 무슨 말인지 이해하기 어려운 글을 이해하려면 뇌는 많은 에너지를 써야 한다. 이런 글은 뇌가 먼저 알아차린다. 내가 쓴 글을 보고 거부반응을 일으킨다. 독자를 끌어들이려면 단문으로 알기 쉽게 써라. 한 문장 안에는 반드시 하나의 내용만 담도록 하라. 내 글을 매력적으로 보이게 하려면 뇌의 특성을 잘 이해해야 한다.

인간과 영장류의 차이는 얼마나 될까? 인간은 침팬지와 98%의 DNA를 공유한다고 한다. 다시 말해 2%의 차이가 인간이냐 침팬지냐의 기준인 셈이다. 뇌과학자들은 살아 있는 뇌를 연구해야 의미 있는 결과를 얻을 수 있다고 믿었다. 뇌과학 연구에 필요한 도구가 부족하던 시절 살아 있는 사람의 뇌를 연구한다는 것은 힘들고 위험한 일이었다. 적당한 실험 대상을 찾던 과학자들에게 인간과 가장 비슷한 영장류는 최고의 대안이었다. 많은 침팬지와 원숭이가 실험에 동원되어 희생되었다. 덕분에 인류는 뇌에 관한 중요하고 놀라운 사실을 발견했다. 겨우 엄마 젖을 먹을 수 있는 수준의 아기가 엄마의 얼굴 표정을 보며 웃거나 울거나 불안해하는 이유가 무엇인지 알아낸 것도 그 가운데 하나다. 여러 사람이 모인 자리에서 한 사람이 하품을 하면 너도나도 하품하는 모습을 한 번쯤 보았을 것이다. 왜 그런 일이 일어나는지 궁금하지 않은가?

1980년대 원숭이를 대상으로 한 여러 실험 가운데 눈에 띄는 실험 하나를 살펴보자. 개별 뉴런의 활성화를 연구하던 한 연구팀은 원숭이가 자기 손으로 직접 땅콩을 잡을 때와 다른 원숭이나 인간이 땅콩을 잡는 모습을 보기만 할 때 똑같이 활성화하는 뉴런이 있다는 사실을 발견했다. 상대의 행동이 텔레파시처럼 전파되는 원리의 실마리를 찾아낸 엄청난 실험이었다. 연구팀은 이때 활성화하는 뉴런을

'거울 뉴런'이라 불렀다. 거울 뉴런이 중요한 이유는 다른 사람의 마음을 읽는 능력이 인간에게 있다는 확실한 증거이기 때문이다. 물론 이때까지만 해도 원숭이의 뇌에서 일어나는 수준의 일이었지만 말이다. 1990년대 뇌과학자들은 드디어 인간에게도 똑같은 거울 뉴런이 존재한다는 사실을 밝혀냈다. 이러한 성과는 과학기술의 발달로 가능했다. 뇌영상 스캐너는 살아 있는 사람의 뇌를 실시간으로 볼 수 있도록 해주었다.

연구팀은 피실험자를 뇌영상 스캐너에 눕혔다. 그다음 원숭이의 뇌와 같은 부위 즉, 거울 뉴런이라 불리는 영역에 자극을 가했다. 자극을 받은 해당 뉴런은 잠시 혼수상태에 빠졌다. 이 상태에서 어떤 동작을 따라 하도록 지시했다. 놀랍게도 동작을 쉽게 따라 하지 못했다. 실수가 잦았다. 이와 달리 거울 뉴런이라 불리는 영역 외에 다른 부위에 자극을 주었을 때는 실수를 하지 않았다. 아무 문제 없이 동작을 따라 했다. 이렇게 해서 거울 뉴런은 인간에게도 존재한다는 사실이 증명되었다. 갓난아기가 엄마의 얼굴 표정을 보고 엄마와 똑같은 표정을 짓는 일은 신기하고 놀라운 일이 아니라 자연스러운 행동이라는 사실이 밝혀진 것이다.

이 실험은 주로 상대의 행동을 보았을 때 활성화하는 뉴런에 초점이 맞추어져 있다. 이것을 마음으로 확장하는 일이 자연스러운 것일까? 학자들은 그렇다고 말한다. 행동은 마음의 외적 표현이다. 어떤 행동을 하려면 그보다 먼저 마음이 움직여야 한다. 우는 사람을 보면 따라 울고 싶어지거나 따라 우는 이유는 단순히 따라 하려는 대상의 행동 때문이 아니다. 왜 울게 되었는지 속마음까지 읽을 수 있어야 가능한 일이다. 뇌과학자들은 거울 뉴런이 행동 뒤에 감춰진 추상적 의미에도 반응한다는 사실을 밝혀냄으로써 이 같은 사실을 뒷받침했다.

상대의 마음을 읽는 능력을 연구하던 뇌과학자들에게 거울 뉴런의 발견은 뜻밖의 소득이었다. 하지만 더 놀라운 점은 거울 뉴런 외에 이런 일을 담당하는 뇌의 영역이 또 있다는 사실이다. 그것은 바로 여러 번 이야기했던 내면을 탐색하는 신경망이다. '기본망'이라 불리는 이 부위가 하는 일은 다른 사람이나 자기 자신에 관한 생각이나 평가다. 거울 뉴런과 함께 작동하는 이 영역은 상대의 감정이나 행동을 평가한다. 왜 저렇게 행동하는지 분석한다. 우리가 의식하기도 전에 작동하는 이 두 영역 덕분에 우리는 상대방의 마음을 재빨리 읽을 수 있다.

사람의 감정은 쉽게 전파된다. 글은 시각을 자극하는 단순한 이미지가 아니다. 글 안에는 글쓴이의 감정이나 심리가 숨어 있다. 글을 보면 글쓴이의 감정 상태를 읽을 수 있다. 글 쓴 사람이 자신이 없거나 불안한 상태에서 쓴 글은 문장에 고스란히 드러난다. 이런 글은 독자에게 그대로 전달된다. 이 점은 작가에게 또는 글 쓰는 사람에게 아주 중요한 의미를 지닌다. 글에 진정성을 담아야 하는 이유다. 진정성 없는 글은 거울 뉴런과 내면을 탐색하는 기본망의 그물에 쉽게 걸린다. 독자의 마음을 움직이려면 자신 있는 글, 진정성 있는 글을 써야 한다. 무엇보다 타인의 감정을 읽는 능력을 키워야 한다.

진정성 있는 글을 자신 있게 쓰려면 어떻게 해야 할까? 독자의 거울 뉴런과 기본망을 자극하려면 어떻게 해야 할까? 많은 지식과 철저한 검증이 필요하다. 순수하게 정보만을 전달하는 실용서뿐만 아니라 문학작품도 마찬가지다. 스티븐 킹은 "사실적이고 공감을 주는 대화문을 쓰려면 반드시 진실을 말해야 한다."라고 주장한다. 예를 들어 망치를 잘못 내리치는 바람에 엄지손가락을 다쳤을 때 "어머나 아파라!"라는 표현을 쓰면 공감을 얻기 어려우므로 "이런 제기랄"이라고 써야 한다는 것이다. 진실을 말하려면 노력이 필요하다. 지어내는 일보다 현실에 가까운 진실을 말하는 일이 더 어렵다. 가상의 세계는 얼마든지 꾸며낼 수 있지만 그럴듯해야 한다. 진실을 거짓으로 가릴 수는 없는 법이다. 진실을 담으려면 부지런히 공부하고 현실에서 일어나는 모든 일에 귀를 기울여야 한다.

작가나 글 쓰는 사람이 가장 갖고 싶어 하는 능력은 무엇일까? 모르긴 해도 공감을 불러일으키는 문장실력이라고 말하는 사람이 많지 않을까? 베스트셀러에 올랐던 수많은 책의 공통점 하나를 꼽으라고 하면 나는 서슴없이 '공감'이라고 말할 것이다. 독자의 마음을 울리지 못하는 책의 생명력은 짧다. 공감능력을 키우려면 어떻게 해야 할까? 자기 내면을 잘 들여다볼 줄 알아야 한다. 얼마나 자주 자기 내면 깊숙이 들어가 보았는지 생각해보기 바란다. 에세이는 나를 들여다보게 하는 좋은 장르다. 아무리 출판 시장이 불황이라고 해도 베스트셀러는 나오기 마련이다. 매번 끊이지 않고 베스트셀러에 오르는 장르가 바로 에세이다. 에세이는 공감을 불러일으키기에 딱 좋은 분야다. 사람들은 남들이 무슨 생각을 하며 사는지 궁금해한다. 그들의 삶을 바라보며 위안을 얻으려고 한다. 글을 쓰는 사람이라면 자기 내면을 들여다볼 줄 알아야 한다. 그리고 자기 내면에 관한 이야기를 끄집어내 이야기로 풀어낼 줄 알아야 한다. 무라카미 하루키, 김영하를 비롯한 많은 소설가가 에세이집을 내는 이유는 소설만으로 독자의 공감을 불러일으키는 데 한계가 있기 때문이다. 독자는 작가의 실생활을 궁금해한다. 이렇게 멋진 이야기를 쓴 사람은 어떤 사람인지 알고 싶어 한다. 에세이는 그러한 독자의 궁금증을 풀어 줄 좋은 기회다.

좋은 책을 많이 읽어야 한다. 훌륭한 책들을 보며 어떻게 공감을 불러일으키는지 연구해야 한다. 책만큼 든든한 스승은 없다. 뛰어난 작가와 나를 비교하며 약점을 찾아내야 한다. 얕은 지식으로 허튼소리를 쏟아내고 있지는 않은지 수시로 점검해야 한다. 그래야 진실한 글을 쓸 수 있고, 독자에게 공감을 불러일으킬 수 있다. 〈붉은 10월〉, 〈패트리어트 게임〉, 〈긴급명령〉을 비롯한 밀리터리 소설로 유명한

톰 클랜시는 펜타곤과 CIA에서 강연할 정도로 군사 전문가였다. 그는 일반인으로는 드물게 출입증 없이 펜타곤(미국 국방부 청사)을 드나드는 몇 안 되는 사람 가운데 한 명이었다. 톰 클랜시의 소설이 많은 사랑을 받은 이유는 철저히 사실에 바탕을 둔 글을 썼기 때문이다.

독자의 공감을 얻기란 쉬운 일이 아니다. 그런 행운을 누리는 작가는 소수다. 타고난 재능처럼 공감을 얻는 기술도 어느 정도 타고나야 한다. 하지만 노력하면 얼마든지 재능을 뛰어넘을 수 있다. 기억해야 할 것은 남을 이해하려면 먼저 나 자신을 이해해야 한다는 사실이다. 에세이를 써서 나 자신을 드러내 보라. 삶을 관통하는 자서전 형식도 좋고, 기억에 남는 몇몇 장면을 포착해서 글을 써도 좋다. 아니면 내가 하는 일에 관한 이야기도 좋다. 자기 내면을 잘 포착하는 사람이 공감을 불러일으키는 능력도 탁월하다. 독자의 거울 뉴런과 기본망을 자극하는 작가로 거듭나고자 한다면 철저한 검증과 자기 검열로 거짓을 쓰지 않으려고 노력해야 한다.

계산 독자의 머릿속 계산기를 자극하는 글을 써야 한다

사람은 누구나 이익을 쫓는다. 이익을 쫓는 심리는 어디서 나올까? 카드 네 벌로 실시한 유명한 심리실험을 살펴보자. 연구팀은 A, B, C, D 네 벌의 카드를 준비한다. 카드 뒷면에는 받을 금액과 잃을 금액이 적혀있다. 예를 들어 천 원이라고 쓰여 있으면 천 원을 받는다. −2천 원이라고 쓰여 있으면 2천 원을 잃는다. 이 실험은 게임에 빠진 참가자의 무의식적 행동을 드러낸다. 게임을 진행하다 보면 참가자 대부분이 특정한 카드 더미에서 더 많은 카드를 뒤집는다. 여기에는 그럴 만한 이유가 있다. 사실 각각의 카드 더미는 실험에 앞서 세심한 손길을 거쳤다. 카드 더미 A와 B는 나올 확률은 낮지만 큰 이익을 주는 카드와 큰 손실이 적힌 나머지 카드로 구성되었다. 카드 더미 C와 D는 이익과 손실이 비슷비슷한 카드로 구성되었다. 실험 참가자가 낮은 확률의 큰 이익이 숨어 있는 A와 B 카드 더미에 손을 가져갔을 때 손에서 분비하는 땀의 양이 C와 D 카드 더미를 뒤집을 때보다 많았다. 참가자 자신은 느끼지 못할 정도의 양이었지만 연구팀은 이를 놓치지 않았다. 흥미로운 부분은 테스트 참가자에게 왜 특정 카드 더미를 더 많이 선택했는지 물었을 때 나온 대답이었다. 놀랍게도 그들은 특정 카드를 왜 더 많이 선택했는지 설명하지 못했다.

이 실험이 말해주는 중요한 사실은 자기도 모르는 사이에 뇌는 이익과 손실을 재빠르게 계산한다는 점이다. 이 역할을 하는 뇌의 영역

은 어디일까? 뇌과학자들은 내면을 탐구하는 복내측전전두피질임을 밝혀냈다. 어떻게 알아냈을까? 이 부위가 손상된 환자들은 되풀이해서 큰 손실이 예상되는 카드 더미에서 카드를 골랐으며, 손에 땀도 나지 않았다. 인간은 뇌가 하는 모든 일을 의식하지 못한다. 만일에 뇌가 하는 모든 일을 하나하나 의식한다면 너무 느려 터져서 어떤 일도 제대로 수행하지 못할 것이다. 때로는 막연한 느낌이나 내가 알지 못하는 어떤 힘에 이끌려 선택하고 결정한다.

글 쓰는 사람이라면 많은 사람이 내 글을 읽어주기를 바란다. 독자를 사로잡으려면 매혹적인 문장, 재미있는 이야기, 멋진 책표지, 마음에 쏙 드는 사은품, 작가의 인지도를 비롯한 다양한 요소가 필요하다. 여기에 하나를 더 추가하자면 그것은 바로 독자에게 어떤 이득을 줄 것인가에 대한 고민이다. 미국 현대 문학의 대표 주자 필립 로스는 인터뷰에서 독자는 소란스러운 세상에서 벗어나려고 책을 읽는다고 말했다. 그러려면 소란스러운 세상보다 더 흥미를 끄는 무언가가 있어야 한다. 독자는 시간과 돈을 투자해 내가 쓴 글을 읽는다. 시간과 돈이 아깝지 않다고 느끼도록 하려면 적어도 그들이 투자한 시간과 돈에 버금가는 무언가가 있어야 한다. 그렇지 않다면 독자는 굳이 시간과 돈을 투자할 필요를 느끼지 못한다.

글 쓰는 사람이라면 내 글을 읽기 전의 독자와 읽은 후의 독자가 달라지도록 하는 데 신경 써야 한다. 어떤 이득이 있는가를 고민하는 일은 독자의 선택을 받는 가장 확실한 지름길이다. 오프라인 서점에는 비슷비슷한 책들이 모여 서로 경쟁한다. 자기계발 분야에서 책을 고르는 사람은 책의 홍수 속에서 어떤 책을 골라야 할지 고민한다. 이때 당신이 해 줄 수 있는 일은 어떤 이득을 줄 것인지 명확하게 드러내는 것이다. 수십 권의 책을 들춰보는 순간순간마다 독자의 뇌는 어떤 책이 나에게 이익을 줄지 계산한다. 비록 자신은 의식하지 못할지라도 말이다. 때로는 계산이 틀리기도 하지만 대부분 놀랍도록 정확하다.

뇌 안에 들어 있는 계산기는 사람마다 다르다. 현실의 계산기는 모든 것을 숫자로 표현하지만, 뇌 안의 계산기는 숫자로는 나타내기 어려운 복잡한 계산을 수행한다. 작가의 뇌 역시 마찬가지다. 계산기가 모두 똑같다면 고민할 필요가 없다. 답도 모두 같기 때문이다. 하지만 뇌 안의 계산기는 모두 다르므로 답을 알아내기 어렵다. 작가의 계산기와 독자의 계산기가 서로 맞아떨어져야 하는 데, 이는 모래사장에서 바늘 찾기 정도는 아닐지라도 몹시 어려운 일이다. 어떻게 해야 각기 다른 계산기의 값을 맞힐 수 있을까?

모든 계산기에 내 계산기를 맞추는 일은 불가능하다. 하지만 특정 계산기와 내 계산기를 맞추는 일은 얼마든지 가능하다. 바닷속 물고기를 모두 잡겠다고 달려드는 어부는 한 마리도 잡지 못할 가능성이 크다. 이와 달리 특정 어종을 선택해 그 어종이 몰려드는 장소로 가서 기다리는 어부는 짭짤한 소득을 올릴 확률이 높다. 당신이라면 어떤 선택을 하겠는가? 당연히 짭짤한 소득을 노려야 한다. 글을 쓰려면 먼저 해야 할 일은 독자층을 정하는 일이다. 독자층을 정하고 글을 쓰면 글쓰기가 훨씬 편하다. 주제나 내용의 범위도 줄어든다. 목표가 구체적이면 구체적일수록 성공할 확률은 높다. 글의 농도가 진해지기 때문이다.

확실한 목표가 눈에 보이면 등장하는 반가운 화학물질이 있다. 바로 도파민이다. 독자층이 정해지면 독자와 소통하는 방식도 자연스럽게 정해진다. 작가는 설레는 기분으로 글을 쓴다. 이때 도파민이 등장해 힘을 실어준다. 마침내 뇌는 글 쓰는 사람이 원하는 쪽으로 작동한다.

어떤 독자층을 선택하느냐도 중요하다. 최근 유행하는 소재를 따르는 것도 좋지만 자기가 잘 알거나 경험했던 일을 활용해 글을 쓰는 것이 좋다. 물론 시장이 넓지 않은 특수한 분야라면 고민해 봐야 한다. 그렇지 않다면 자기가 잘 아는 분야로 한정하는 것이 좋다. 독자층도 정했고 분야도 내가 잘 아는 분야라면 글 쓰는 일은 한결 수월해진다.

〈장미의 이름〉, 〈푸코의 진자〉로 유명한 기호학자이자 역사학자인 움베르토 에코는 중세시대의 열광적인 팬이었다. 그는 평생 중세

시대에 완전히 몰입하는 경험을 수없이 했다고 고백했다. 중세시대를 경험하려고 아직 중세시대 그대로 남아 있는 프랑스의 한 도시로 날아가 몇 달 동안 그 지역에서만 먹고 자며 생활하기도 했다. 그는 중세시대를 암흑시대라고 보지 않았다. 찬란하게 빛나는 시대로 기억했다. 그만큼 중세를 사랑했고 꿈꿨다. 마흔여덟의 나이에 학자의 삶에 소설가라는 이력을 추가한 이유 역시 중세시대에 대한 사랑 때문이었다. 〈장미의 이름〉은 그가 가장 잘 아는 분야로 빚어낸 훌륭한 작품이었고 그와 같은 생각을 하는 사람들로부터 많은 사랑을 받았다. 단숨에 베스트셀러에 오른 이 작품은 1986년 영화로 만들어졌다.

다산북스가 출간한 '홍 대리 시리즈'는 특정 독자층을 겨냥한 대표적인 본보기다. 〈독서 천재가 된 홍 대리〉를 비롯하여 외국어, 골프, 주식, 회계, 와인, 세일즈, 경매, 무역에 이르기까지 특정 분야의 독자층을 대상으로 한 책을 끊임없이 쏟아내고 있다. 다산북스는 각 분야의 전문가를 작가로 초빙하여 책을 만든다. 〈독서 천재가 된 홍 대리〉는 이지성 작가가 참여했다. 〈꿈꾸는 다락방〉을 쓴 이지성 작가는 초등학교 교사 출신으로 엄청난 독서가로 알려져 있다. 〈독서 천재가 된 홍 대리〉를 이지성 작가에게 맡긴 출판사의 판단은 옳았다. 자기가 좋아하는 분야를 만났을 때 작가의 의도가 얼마나 잘 전달되는지 보여주는 좋은 사례다. 독서에 흥미를 느끼는 독자라면 이 책을 모르는 사람이 없을 정도로 〈독서 천재가 된 홍 대리〉는 많은 사랑을 받았으며, 후속편까지 나왔다. 독자의 계산기와 작가의 계산기가 잘 맞아 떨어졌기 때문에 가능한 일이다.

뇌는 우리가 의식하지 않더라도 이익을 얻을 확률이 높은 쪽으로 반응하도록 설계되었다. 복내측전전두피질은 보상을 얻을 확률을 재빠르게 계산하고 결정을 내린다. 따라서 공감을 불러일으키는 글도 중요하지만 독자가 얻을 혜택이 무엇인지 먼저 고민해야 한다. 독자의 머릿속 계산기를 자극하는 글을 써야 한다. 그래야 내가 쓴 글이 선택받을 확률이 올라간다.

〈코스모스〉의 저자 칼 세이건은 세상에서 가장 유명한 천체물리학자이자 천문학자였다. 그만큼 우주를 사랑한 사람도 드물었다. 우주에 관한 소설을 쓴다면 칼 세이건은 딱 어울리는 작가다. 〈콘텍트〉는 칼 세이건이 죽기 전에 쓴 SF소설이다. 이 소설은 1997년 영화로 제작되었다. 우주를 좋아하고 동경하는 사람이라면 이 소설에 자신의 시간과 돈을 투자할 충분한 가치가 있다고 여길 것이다. 그렇지 않은가?

유혹 어떤 글이든 잘 맞는 그릇에 담아야 한다

독자를 유혹하려면 독자의 뇌 속 계산기에 어떤 숫자가 떠 있는지 잘 파악해야 한다. 독자의 계산기와 같은 값을 계산해냈을 때 빙고! 독자는 내가 쓴 글을 고른다. 하지만 쉬운 일이 아니다. 그래서 독자의 범위를 좁히는 일이 중요하다. 독자의 범위를 좁혔다고 모든 일이 해결될까?

막걸리를 소주잔에 따라 마시면 막걸리 맛을 제대로 느끼기 힘들다. 소주를 막걸릿잔에 따라 마셔도 마찬가지다. 음식의 맛도 중요하지만, 맛을 잘 살리려면 담는 그릇도 잘 골라야 한다. 글 쓰는 사람이라면 어떤 형식으로 쓸지 고민해야 한다. 쓰려고 하는 내용을 어떤 그릇에 담아야 독자를 사로잡을지 연구해야 한다. 그릇은 뇌를 자극하는 또 하나의 장치다.

가능하면 독자의 뇌 속 많은 부분을 자극하는 것이 좋다. 독자의 뇌 속 계산기뿐만 아니라 뇌가 가진 두 가지 시나리오 중 하나를 건드려야 한다. 작가는 빠르게 작동하는 첫 번째 시나리오와 느리게 작동하는 두 번째 시나리오를 번갈아 쓴다. 그래야 좋은 글, 독자에게 감동을 주는 글이 나온다. 글을 읽는 독자도 마찬가지일까? 글을 읽을 때는 두 개의 시나리오 가운데 하나를 쓴다. 어떤 시나리오를 쓸지는 사람마다 다르다. 첫 번째 시나리오를 주로 활용하는 사람은 그물처럼 복잡하게 얽힌 이야기보다 단숨에 알아차릴 수 있는 이야기를 좋아한다. 쉽고 간략하게 요점만 제시한 글을 선택한다. 정보를 제공하는 실용적인 글에 관심이 많은 독자층이다. 이들은 짧은 단편 소설이나 에세이를 좋아할 확률이 높다.

두 번째 시나리오를 주로 활용하는 독자라면 너무 단순한 이야기는 선택하지 않을 확률이 높다. 이들은 윌리엄 포크너의 〈음향과 분노〉라든지 제임스 조이스의 〈피네간의 경야〉를 시간을 두고 천천히 음미하려 할 것이다. 아니면 복잡한 구조를 가진 추리소설이나 〈왕좌의 게임〉처럼 두껍고 긴 이야기를 찾을지도 모른다. 크고 딱딱한 사전을 방불케 하는 전문적인 내용의 글도 이들의 호감을 살 수 있다. 무엇이 되었든 생각할 거리가 푸짐해야 한다.

직접 체험한 세계 곳곳의 이야기를 글로 남기고 싶다면 어떤 형식이 좋을까? 소설? 시? 개인의 체험이 녹아 있는 여행기라면 당연히 에세이 형식으로 써야 한다. 여행기를 좋아하는 독자라면 술술 익히면서 감동을 주는 글을 찾는다. 인문학이나 자기계발 분야에서 서성거리지 않는다. 음식에 관한 책은 어떨까? 마찬가지다. 시금치의 역사나 생물학적 성질을 알고 싶어 하는 사람도 있겠지만, 음식에 관한 책을 선택하는 사람 대부분은 쉽고 간단하게 배울 수 있는 요리법을 기대한다. 작가는 독자가 쉽게 찾아올 수 있도록 알맞은 그릇에 재료를 담아야 한다.

같은 재료라면 언제나 같은 그릇에 담아야 할까? 같은 재료라도 다른 그릇에 담아야 할 때도 있다. '콜레스테롤이 인체에 미치는 영향'에 관한 글을 쓴다면 과학이나 의학 카테고리를 선택해야 한다. 깊이 있는 내용의 글을 에세이나 취미처럼 가볍고 짧은 형식의 그릇에 담는다면 독자로부터 외면받기 십상이다. 제목이 '콜레스테롤의 진실'이라면 어떨까? 콜레스테롤에 관한 과학적 지식보다 우리가 몰랐던 검은 커넥션에 관한 이야기라면 딱딱한 그릇에 담아서는 안 된다. 좀 더 대중적인 에세이나 실용서 혹은 소설 형식으로 풀어내야 고객의 선택을 받을 확률이 높다.

독자는 두 개의 시나리오 가운데 어떤 시나리오를 더 많이 활용할까? 대부분 첫 번째 시나리오를 많이 활용한다. 물론 두 번째 시나리오로 책을 선택하는 사람도 있다. 하지만 첫 번째 시나리오만큼은 아니다. 뇌는 언제나 쉬운 길을 찾는다. 책이나 글을 볼 때도 예외는 아니다. 쉽고 간략한 글은 에너지를 덜 소모하므로 빠른 시간에 책을 끝까지 읽도록 돕는다. 책을 다 읽었다면 시작 부분에 어떤 내용이 들어 있었는지 알아야 한다. 그렇지 않다면 책을 제대로 읽었다고 할 수 없다.

자기가 쓴 글이 좀 더 빨리 독자의 선택을 받기 원한다면 쉽고 가벼운 내용의 글로 시작하는 것이 좋다. 딱딱하고 어려운 글도 나름대로 의미가 있지만 이런 글을 좋아하는 독자를 만족시키려면 많은 노력이 필요하다. 두 번째 시나리오로 글을 고르는 독자를 유혹하려면 만반의 준비를 해야 한다. 어설프게 시작하려면 하지 않는 편이 낫다. 이들에게 어설픔은 튀어나온 못처럼 잘 보인다.

잃어버린 세대라 불리며 한 시대를 풍미한 미국의 작가들이 있다. 어니스트 헤밍웨이와 윌리엄 포크너가 그들을 대표한다. 둘은 술을 좋아했고, 노벨문학상을 받았다는 점만 빼면 많은 부분이 달랐다. 우선 헤밍웨이가 기자로 출발해 어렵지 않게 작가의 길로 들어선 반면 포크너는 여러 직업을 전전하며 어렵게 작가가 되었다. 세계 여러 곳을 돌아다닌 헤밍웨이와 달리 포크너는 미국에서 줄곧 생활했다. 무엇보다 이 둘의 큰 차이는 글에 있다. 헤밍웨이는 담백하고 간결하며 짧은 문장을 쓴 반면, 포크너는 아주 긴 문장과 쉽게 이해하기 어려운 내용의 글을 썼다. 두 사람은 체구만큼이나 다른 문체로 독자를 요리했다. 헤밍웨이와 포크너의 글을 읽고 내게 맞는 글이 어떤 글인지 파악해 보는 것도 재미있는 일이 될 것이다. 짧고 간결한 글이 좋다고 해도 글 쓰는 나와 맞지 않으면 아무 소용이 없다. 긴 문장이 좋고 깊이 있는 글을 쓰고 싶다면 그런 글을 써야 한다. 그래야 좋은 글이 나온다. 하지만 많은 노력과 공부가 필요하다. 쉽지 않은 일임을 잘 알고 시작해야 한다. 그렇다고 해서 헤밍웨이식의 짧고 간결한 글쓰기가 쉽다는 것은 아니다. 쉽고 간결한 글이 더 어렵다고 호소하는 사람도 많다. 어디까지나 선택은 자기 몫이다. 하지만 어떤 글을 쓰든 잘 맞는 그릇에 담아야 한다는 사실은 변함없이 중요하다.

무라카미 하루키나 스티븐 킹이 독자들로부터 많은 사랑을 받은 이유는 독자의 뇌를 다양하게 자극했기 때문이다. 무라카미 하루키는 하드보일드 문체의 영향을 많이 받았다. 하드보일드 문체는 헤밍웨이나 존 스타인벡, 그리고 레이먼드 챈들러가 즐겨 썼다. 문장이 짧고, 수식어를 최대한 자제하면서 심리보다는 행동 묘사에 중점을 둔 것이 특징이다. 동양문화보다 서양문화에 익숙했던 그로서는 어쩌면 당연한 일이었다. 건조한 문체가 주는 단조로움은 복잡하고 어려운 플롯으로 보완했다. 어렵지도 쉽지도 않은 무라카미 하루키의 글은 이렇게 해서 다양한 독자로부터 사랑을 받았다. 스티븐 킹 역시 비슷하다. 그가 쓴 문장은 어렵지 않다. 하지만 스티븐 킹 역시 복잡한 플롯으로 독자의 머리를 아프게 한다. 그의 대표작 〈그것〉은 과거와 현재를 넘나들며 이야기를 펼친다. 그뿐만 아니라 스티븐 킹은 무라카미 하루키처럼 현실과 비현실을 적절하게 섞는다. 쉽지 않은 내용이지만 독자들은 두 사람의 책에서 눈을 떼지 못한다.

무라카미 하루키나 스티븐 킹처럼 되어야 한다고 말하고 싶지는 않다. 내가 입 아프게 말하지 않아도 누군가는 그들처럼 인기 작가가 되며, 누군가는 평범하지만 자기만의 글을 차곡차곡 쌓아간다. 여기서 알아야 할 점은 독자의 뇌를 어떻게 자극할 것인가 하는 문제다. 상대를 유혹하려면 상대가 좋아하는 것을 찾아 그것을 해주면 된다. 이후 벌어질 일까지 생각할 필요가 없다. 독자층을 선택하고 그에 알맞은 주제와 담을 그릇을 고르는 일은 독자를 유혹하는 가장 기본 단계다. 이 단계를 무시하고 좋은 글을 쓰기란 어려운 일이다. '나는 내가 쓰고 싶은 글만 쓸 테야!'라고 고집을 부리는 사람도 있다. 나쁘지 않다고 본다. 나 역시 그랬던 적이 있다. 물론 지금은 그 생각을 버렸다. 운이 좋아 독자를 잘 유혹했다면 그것처럼 좋은 일은 없다. 내가 좋아하는 글로 독자를 유혹까지 했다면 금상첨화다. 이런 일이 쉽게 일어나지 않아서 문제지만 말이다. 어쨌든 가장 기본이 되는 단계를 무사히 마쳤다면 묵묵히 쓰는 일만 남았다. 판단과 선택은 독자의 몫이다. 독자의 선택을 받지 못했다면 내가 선택한 분야의 독자층이 너무 작지 않은지, 재료를 담은 그릇이 적절했는지 잘 생각해서 바로잡아야 한다. 좋은 글은 하루아침에 써지지 않는다. 그 누구도 예외는 없다.

능동 뇌는 능동형으로 쓴 문장에 친숙함을 느낀다

우리말은 한자나 영어와 다르다. 조합형 문자에 가깝다. 단어 하나로 뜻을 전하기 어렵다. 중국어와 영어는 '直觀(직관)'이라든지 'understand'라고만 해도 뜻이 전해지지만, 우리말은 그렇지 않다. '한눈에 알기 쉽도록'이라든지 '이해하지?', '이해했니?', '이해했을까?'처럼 죽 펼쳐야 하고 반드시 동사가 따라와야 한다. 영어나 한자도 동사가 중요하지만, 한국어만큼은 아니다. 우리말은 명사와 함께 동사의 역할이 아주 크다. 서술어로 동사를 쓰므로 더 그렇다. 동사는 말 그대로 움직임을 나타내는 품사다. 살아 움직이는 문장을 쓰려면 동사를 잘 써야 한다.

동사는 크게 두 가지로 나뉜다. 앞으로 나아가는 동사와 뒤로 물러나는 동사다. 다른 말로 바꾸면 능동형과 수동형이라 할 수 있다. 어떤 동사를 써야 좋을까? 당연히 앞으로 나아가는 동사를 써야 한다. 능동형은 문장에 생기를 불어넣는다. '주사위가 던져졌다'라는 표현은 힘이 없는 표현이다. '조사되었습니다', '회의가 개최될 예정입니다'도 모두 마찬가지다. 가능하면 '주사위를 던졌다', '조사했습니다', '회의를 개최합니다'로 표현하려고 노력해야 한다. 그러려면 주어 선택이 중요하다. 행위를 당하는 사람을 주어로 내세우기보다는 행위를 하는 사람을 주어로 내세워야 한다.

뇌에 본거지를 둔 정신은 자발적이며 개별적이다. 내가 아무리 뜻대로 조종하고 싶어도 그렇게 되지 않는다. 두 번째 시나리오가 중요하다는 사실을 알지만, 일상에서 벌어지는 모든 일을 이성적으로 혹은 논리적으로 일일이 따지며 행동할 수는 없다. 두 번째 시나리오는 많은 에너지를 소모하기도 하지만 너무 느리다. 원하는 시간에 일을 끝내야 한다면 두 번째 시나리오는 도움이 되지 않는다. 삶은 정해진 시간에 정해진 일을 해내야 하는 것들로 가득하다. 엄마는 유치원 버스가 도착할 때까지 모든 준비를 마쳐야 한다. 김 대리는 회의 시간 전까지 기획안을 작성해야 한다. 홍길동은 갑자기 달려드는 자전거도 피해야 하고, 품절을 앞둔 물건을 살지 말지도 결정해야 한다. 뇌는 내 허락을 받기 전에 이런 일을 해치운다. 일상에서 자기가 의식하며 하는 행동은 아주 적다. 정상적인 생활을 하려면 당연한 일이다. 두 번째 시나리오는 첫 번째 시나리오가 흥분하거나 실수할 때 등장한다. 때로는 적절할 때 나타나 큰 도움을 주기도 하지만 대부분 너무 늦게 나타난다. 두 개의 시나리오를 잘 조합해야 원하는 결과를 얻을 수 있다.

빠른 시스템은 능동적이며 통제를 받지 않는다. 그래야 앞으로 나아갈 수 있기 때문이다. 글쓰기도 마찬가지다. 앞으로 나가려면 동사를 활용해야 하며 능동형으로 문장을 완성해야 한다. 뇌는 능동형으로 쓴 문장에 친숙함을 느낀다. 앞으로 빠르게 나아가려는 뇌의 본능과 잘 맞아떨어지기 때문이다. 뇌는 우리가 미처 깨닫지 못하는 세세한 부분까지 고려한다. 무언가를 선택할 때 언제나 의식이 깨어 있어야만 하는 것은 아니다. 내가 뇌를 조종할 때보다 뇌가 나를 조종할 때가 더 많다. 대부분 우리는 무언가가 일어난 후 그것을 알아차린다. 이 순간이 너무 짧아서 내 의지로 그것을 해냈다고 착각할 뿐이다.

안정효는 〈글쓰기 만보〉에서 이렇게 말했다. "수동태는 우리말에는 생소한 서양식 표현이다. 정복과 이동의 적극적인 역사 속에서 발달한 서양 언어에서는 대부분의 동사가 쌍방향으로 작용한다. 서양인들은 상대적으로 공격적인 만큼 그 공격의 대상으로서 역사를 경험하는 집단도 많아서 수동태가 발달했다." 타당한 말이다. 우리 역시 많은 수난을 겪었지만, 한정적인 몇몇 나라와의 제한적인 전쟁이 많았다. 그에 반해 유럽은 좁은 대륙 안에 수많은 인종이 모여 살았고 대립과 반목이 끊이지 않았다. 약탈과 침략 그리고 그들로부터의 도피가 매일같이 일어났다. 어제 가해자였던 민족이 오늘은 피해자로 바뀌고 어제 피해자였던 민족이 오늘은 가해자로 바뀌는 일이 반복되었다. 당하는 쪽에서 피해자임을 호소하려면 수동형 문장으로 글을 써야 했을 것이다. 항복문서나 지휘관들 사이에 오고 가는 서신에서 수동형 표현을 서슴없이 써야만 했을 것이다.

서양에서 발달한 수동형 문장이 어떻게 우리에게 전해졌을까? 서양문학이 홍수처럼 쏟아지던 시절이 있었다. 중국에서 넘어온 한자 문화권에서 벗어나기도 전에 우리는 일본의 침략을 받았다. 일본은 무자비하게 민족말살정책을 펼쳤고 우리글은 점점 설 자리를 잃었다. 기나긴 고통의 시간이 끝났을 때 문학청년들이 배울만한 것은 아무것도 남아 있지 않았다. 어쩔 수 없이 서양문학을 가져다 공부할 수밖에 없었고 이 과정에서 서양식 표현이 아무런 여과 없이 그대로 전해지면서 수동태는 자연스럽게 자리를 잡았다.

스티븐 킹은 〈유혹하는 글쓰기〉에서 이렇게 말했다. "작가들이 수동태를 좋아하는 까닭은 소심한 사람들이 수동적인 애인을 좋아하는 까닭과 마찬가지다. 수동태는 안전하다. 골치 아픈 행동을 스스로 감당할 필요가 없다. 어떤 작가들은 수동태가 자기 작품에 신뢰감을 더해주고 위엄까지 지니게 해준다고 믿는다. 그런 어처구니없는 생각은 던져버려라!" 수동태를 많이 쓰는 서양 작가들조차 수동태를 쓰지 말아야 한다고 주장하는데 굳이 우리가 나서서 쓸 필요가 있을까?

뇌 발달은 문화와도 밀접한 관련이 있다. 어떤 언어를 쓰느냐에 따라 뇌도 거기에 익숙해진다. 한국 사람의 뇌에 익숙한 언어는 수동형보다 능동형이다. 능동형 문장은 뇌의 본능과 이어져 있지만, 무엇보다 우리 문화에 알맞다. 우리 문화에 알맞으면 우리 뇌도 좋아한다. 독자를 유혹하려면 뇌를 이해하고 뇌가 어떻게 작동하는지 알아야 한다. 내가 느끼지 못한다고 해서 소홀히 해서는 안 된다. 독자의 뇌를 자극하려면 우리가 모르는 곳까지 깊이 파고들어 분석해야 한다. 누가 읽어주기를 바라고 글을 쓰는 사람이라면 당연히 해야 할 일이다.

일상에서 하는 말 하나에도 주의를 기울여야 한다. 우리는 무심코 '주차시키고 왔다'라고 말한다. 내가 내 차를 주차하고 왔음에도 이런 표현을 아무 거리낌 없이 쓴다. 이 말은 내가 나에게 주차를 시켰다는 말이다. 어떤 일을 능동적으로 했다면 누구에게 지시를 받아서 한 것처럼 표현해서는 안 된다. 그렇지 않은가? 이때는 '주차하고 왔다'라고 말해야 옳다. 일상에서 하는 말이나 행동은 글에도 고스란히 나타난다. 작가라면 글뿐만 아니라 평소 생활에서도 능동적으로 움직이려고 노력해야 한다. 능동적인 사람은 글도 능동적으로 쓸 확률이 높다.

스티븐 킹의 말처럼 수동적인 사람은 안전한 것을 좋아한다. 이와 달리 능동적인 사람은 모험을 좋아한다. 안전을 추구하고 소극적인 사람은 수동형 문장 말고도 자신 없는 문장을 많이 쓴다. 달아날 구멍을 만들어 놓는다. '~할지도 모릅니다', '~인 것 같습니다', '~인 듯합니다'를 많이 쓴다. 어렵게 고민하고 분석하고 자료를 모으고 공부했다면 내 지식을 의심해서는 안 된다. 의심스럽다면 펜을 들지 마라. 자기도 확신하지 못할 글을 독자에게 강요해서는 안 된다. 글을 쓸 준비를 끝냈다면 문장에 힘을 실어야 한다. '담배를 끊어야 할지도 모릅니다'가 아니라 '담배를 끊어야 합니다'라고 써야 한다. 뇌가 어떤 글에 반응할지 더는 말하지 않겠다. 글로 독자를 유혹하고 싶다면 멈추거나 뒤로 가지 말고 앞으로 나가야 한다. 숨지 말고 드러내야 한다. 뇌의 본능을 유혹할 줄 아는 사람만이 진정한 작가로 거듭난다.

사치 불필요한 모든 것을 없애라

제임스 조이스만큼 동료 작가나 문학평론가에게 찬사를 받은 작가도 드물다. 그는 많은 작가가 존경하는 작가 중의 작가였다. 제임스 조이스는 작가나 문학평론가들로부터 사랑을 받기는 했지만, 장담하건대 독자가 사랑하는 작가는 아니었다. 제임스 조이스의 글은 대중을 위한 글이 아니다. 그의 글을 사랑하는 소수의 독자가 있을지도 모르지만, 좀 더 솔직하게 말해보자. 〈율리시스〉나 〈피네간의 경야〉의 내용 가운데 이해할만한 부분이 하나라도 있는가? 제임스 조이스는 〈율리시스〉를 스스로 평가하면서 이렇게 말했다. "율리시스에는 많은 수수께끼와 퀴즈가 숨어있다. 대학교수들은 내 책을 연구하려고 분주할 것이다. 이것이 나의 불멸을 보장하는 유일한 길이다." 〈율리시스〉는 그나마 낫다. 〈피네간의 경야〉는 조이스가 만든 신조어가 난무하고 일상에서 쓰이지 않는 언어가 총출동한다. 〈피네간의 경야〉는 세계에서 네 번째로 우리나라에서 번역 출판했다. 번역에 참여했던 고려대학교 김종건 교수는 이 책에 나오는 단어를 적절한 우리말로 바꾸기 어렵다고 판단하고 한자를 이용했다. 책을 보려면 한자 공부를 따로 해야 할 정도다. 도대체 무슨 말을 하는지 이해하기 어려운 글을 나는 찬양하지 않는다. 물론 제임스 조이스의 심오한 정신세계나 마술적 언어의 기교를 평가 절하할 생각은 없다. 또 그럴 능력도 안 된다. 솔직히 그런 부분이 어디에 있는지도 잘 모르겠다. 다행스러운 일은 이런 생각을 나만 한 것은 아니라는 점이다.

작가로서 다른 작가에게 존경받는 것만큼 영광스러운 일도 없지만, 독자에게 사랑받는 작가만큼은 아니다. 동료 작가나 비평가에게 보여주려고 글을 쓰는 사람은 없다. 내 말에 동의한다면 우리가 받아야 할 사랑이 어디서 와야 하는지는 의문의 여지가 없다. 모든 작가가 제임스 조이스를 사랑한 것은 아니다. 〈멋진 신세계〉를 쓴 올더스 헉슬리는 제임스 조이스에게 영향을 받았느냐는 질문에 이렇게 답했다. "아니요. 〈율리시스〉에서 아무것도 얻어내지 못했습니다. 비범하다고 생각하지만, 그 책의 많은 부분이 소설을 어떤 식으로 쓰면 안 되는지에 대한 다소 긴 논증으로 이루어져 있습니다. 그는 써서는 안 되는 가능한 모든 방식을 보여줍니다." 〈롤리타〉의 작가 블라디미르 나보코프 역시 이렇게 말했다. "조이스는 어떤 방식으로든 제게 전혀 영향을 미치지 못했습니다. 말장난이 심한 〈피네간의 경야〉도 싫어합니다. 아무리 천재의 언어로 쓰였다 하더라도 전혀 관심이 없습니다." 또한, 뛰어난 문장력을 자랑하는 여류작가 조이스 캐럴 오츠는 "평균적인 독자들이 〈피네간의 경야〉의 너무나도 빡빡하고 어려운 페이지들을 읽어내는 노력을 기꺼이 할 거라고 생각하는 건 어리석은 일이다."라고 말했다. 글 쓰는 사람이라면 대학교수가 연구해야 할 정도로 어려운 글을 쓰기보다는 모두가 편하게 읽을 수 있는 글을 쓸 책임이 있다.

어려운 단어를 읽을 때 뇌는 얼마나 많은 노력을 기울일까? 노벨 경제학상을 받은 천재 심리학자 대니얼 카너먼은 동료와 함께 뇌가 노력에 어떻게 반응하는지 실험에 들어갔다. 그들은 피실험자의 동공에 주목했다. 집중력을 발휘하거나 어떤 일에 노력을 기울일 때 동공이 커진다는 사실을 알았기 때문이다. 이 실험에서 그들은 틀리기 쉬운 어려운 단어를 읽을 때 동공이 확장한다는 사실을 발견했다. 동공이 커진다는 말은 노력을 기울인다는 뜻이고 이는 곧 에너지를 많이 쓴다는 말과 같다. 두 번째 시나리오를 꺼내려면 그만한 대가를 치러야 한다.

어렵게 쓰면 쓸수록 독자는 더 많은 에너지를 쏟아야 하고 그만큼 에너지가 줄어드는 속도도 증가한다. 글을 끝까지 읽을 확률도 그만큼 빨리 줄어든다. 에너지를 쓰면 에너지를 보충할 시간이 필요하므로 사람은 본능적으로 글에서 눈길을 떼서 쉬고 싶어 한다. 작가나 이곳저곳에 글 쓰는 사람은 수많은 글과 경쟁해야 한다. 독자가 에너지를 덜 쓰고도 즐길만한 글을 쓰는 능력은 선택이 아닌 필수다. 내 글이 널리 읽히길 바란다면 누구나 쉽게 이해하도록 쓰려고 노력해야 한다.

많은 사람이 착각하는 부분은 쉽게 쓰는 일이 쉽다고 생각하는 것이다. 쉽게 쓰기는 말처럼 쉽지 않다. 나이가 어린 작가일수록 더 그렇다. 라틴문학의 대표 주자였던 아르헨티나 출신의 호르헤 루이스 보르헤스는 젊었을 적에 모든 것을 묘사하려 애썼다. '달'을 그냥 '달'이라고 쓰면 무슨 큰일이라도 날 것마냥 생각하고 달을 묘사할만한 형용사를 찾아 헤매다녔다고 말한다. 단순하고 쉬운 표현을 쓰면 어리석고 미숙해 보일까 봐 불안했기 때문이다. 글을 바라보는 관점이 바뀌기 시작한 것은 나이가 들고 난 후였다. "이제는 그런 노력이 오히려 독자를 짜증나게 한다는 걸 압니다. 젊었을 때는 누구나 그렇지요. 어려운 단어를 찾아내거나 만들어내려고 애씁니다. 지금은 생각을 평이하게 표현해야 한다고 느낍니다. 어떤 생각을 했다면 그 생각이나 느낌을 독자들의 마음에 직접적으로 전달하려고 애써야 하기 때문이지요."

보르헤스의 말은 과거의 나를 불러낸다. 나 역시 미숙함을 숨기려고 셰익스피어의 작품을 읽고 세르반테스나 도스토옙스키를 따라했다. 하지만 나는 그들이 될 수 없었다. 또한, 그 길이 답이 아니었음을 시간이 흐른 뒤 알게 되었다. 이 책을 읽는 청년들에게 간곡히 부탁하고 싶은 말은 절대 절~대 글을 꾸미려고 덤비지 말라는 것이다. 형용사나 부사를 찾아 헤매지 말고, 사전을 통째로 삼키려고도 하지 마라. 독자가 바라는 글은 '토끼가 방아를 찧는 둥글고 매끈한 하얀 달'이 아니라 그냥 '달'이다.

쉬운 글은 간결한 글이다. 간결한 글로 생각을 전달해야 한다. 이러한 고민을 70년 전에 한 사람이 있다. 바로 어니스트 헤밍웨이다. 간결한 문장하면 가장 먼저 떠오르는 작가다. 하지만 그저 단순하고 쉽게 썼다고해서 노벨상위원회가 그에게 상을 줬다고 착각해서는 안 된다. 헤밍웨이는 간결하면서 설득력 있는 글을 쓰려고 많은 노력을 기울였다. 그가 터득한 글쓰기 방식은 '빙산의 원칙'이었다. '빙산의 원칙'이란 물 위에 드러난 빙산의 20%는 물속에 숨은 80%의 빙산이 지탱한다는 뜻이다. 쉽고 간결하게 써야 한다는 말이 많은 지식이 필요하지 않다는 말로 들려서는 안 된다. 오히려 쉽게 쓰려면 더 많이 알아야 한다. 물속에 잠긴 부분이 많으면 많을수록 물 위에 드러난 빙산의 일부분은 더 빛난다.

헤밍웨이는 〈노인과 바다〉가 1,000장이 넘을 뻔했다고 고백한 적이 있다. 그는 청새치가 짝짓기하는 모습을 보았고, 20m가 넘는 향유고래에 작살을 던지기도 했다. 헤밍웨이는 어촌에서 일어나는 모든 일을 잘 알고 있었지만 시시콜콜한 일 전부를 글로 쓰지 않기로 했다. 작가가 정말 몰라서 안 쓰는 것과 모든 상황을 꿰뚫고 있는 상태에서 필요한 부분만 선택하는 것은 다르다. 독자에게 경험을 전달하는 데 불필요한 모든 것을 없애고도 감동을 주려고 노력했던 헤밍웨이는 그 일을 해냈고, 그에 대한 보답을 받았을 뿐이다.

제임스 조이스의 〈피네간의 경야〉보다 헤밍웨이의 〈노인과 바다〉가 잘 읽히는 이유는 무엇일까? 내용이 쉬워서일까? 아니면 짧은 문장 때문일까? 아니면 누구나 다 아는 쉬운 단어로 썼기 때문일까? 모두 틀렸다. 〈피네간의 경야〉를 읽다가 포기하는 것과 〈노인과 바다〉를 아무 부담 없이 끝까지 읽는 이유는 뇌가 그렇게 하기를 원하기 때문이다. 물론 〈피네간의 경야〉나 제임스 조이스를 향한 열정이 끓어오르는 사람도 있다. 이들은 〈피네간의 경야〉를 완독한다. 현재로서는 뇌가 하는 모든 일을 이해하기는 어렵다. '왜 학자나 교수가 아닌 일반인이 어려운 책을 끝까지 보려는 충동에 끌리는가?'와 같은 물음에 정확하게 답변하기 힘들다. 세상의 모든 일에 설명 가능한 절대법칙은 없듯이 뇌도 마찬가지다. 다만, 대부분 사람은 〈피네간의 경야〉보다 〈노인과 바다〉를 선택한다. 이 점 만큼은 변하지 않는 사실이다.

어렵고 복잡하게 쓰려는 충동이 끓어오를 때 이렇게 생각해 보기 바란다. 독자가 원해서인지 아니면 자기만족 때문인지 말이다. 장담하건대 독자와 상관없을 확률이 높다. 더 솔직해져 보자. 자기만족도 아니다. '체'하고 싶어서다. '지식 자랑'을 하고 싶어서다. 안 그런가? 고개를 흔들지 마라. 외면하지 말고 똑바로 바라봐야 한다. 독자는 작가의 지식에 아무런 관심이 없다. 오로지 작가가 쓴 글에 관심이 있을 뿐이다. 청새치의 짝짓기와 20m가 넘는 향유고래가 아니라 노인이 벌이는 사투의 과정과 결말에 관심이 있을 뿐이다. 나머지는 사치이며 군더더기다.

믿음 쉬운 글로 독자의 마음을 얻어라

친숙한 단어나 간결한 문장으로 쓴 글은 그렇지 않은 글보다 더 큰 믿음을 준다. 알아듣기 쉬운 모든 종류의 말이나 글 또는 행동은 사람의 마음을 편하게 한다. 그래서 내용의 사실 여부를 떠나 독자는 편안하고 쉽고 간략한 문장에 끌리며 더 잘 믿는다. 대니얼 카너먼은 깔끔하고 반복되는 문장과 점화된 문장은 편안함을 준다고 말한다. 여기서 점화된 문장이란 적어도 한 번은 뇌 안에서 점화를 일으켰던 문장을 말한다. 쉽게 말해 익숙한 문장이다. 이와 달리 무슨 일이든 심리적으로 압박감을 받으면 경계하고 의심하기 쉽다고 한다. 또한, 믿을 만하고 똑똑한 사람으로 보이고 싶다면, 간단한 말로 충분하며 쓸데없이 어려운 말을 쓰지 말라고 하면서 동료였던 프리스턴대학의 대니 오펜하이머 교수가 쓴 글을 인용했다. 오펜하이머 교수는 "친숙한 내용을 어려운 용어로 옮기면 신뢰도가 떨어진다."라고 했다.

어렵게 쓴 철학적인 글이나 전문용어가 가득한 글이 더 믿을 만하다고 생각할지 모르지만, 우리 뇌의 무의식은 담백하고 짧고 명확한 문장을 훨씬 더 잘 믿는다. 심지어 저자의 주장에 의심스러운 부분이 있다 해도 의심하기보다 내용을 억지로라도 이해하려고 든다. 물론 이 작용은 의식에서 일어나지 않으며 무의식중에 일어난다. 이 이야기가 자칫 오류를 미화한다고 여길지도 모르겠다. 그렇다면 내 이야기를 제대로 이해하지 못했다는 뜻이다. 작가는 아니 글 쓰는 사람은 자기가 쓴 글에 책임을 져야 하며 따라서 철저한 공부와 연구를 바탕으로 글을 써야 함은 기본이다. 다만, 어렵게 공부하고 쓴 내용이라고 해서 어려운 단어와 길고 복잡한 문장을 쓴다면 독자의 무의식에 온전히 전달되지 못한다는 사실을 명심해야 한다.

독자에게 공감을 얻는 일이 중요한 까닭은 무엇일까? 공감은 믿음의 전 단계다. 공감이 쌓이면 믿음이 생긴다. 독자에게 믿음을 주는 일은 작가가 해야 할 가장 중요한 의무다. 독자의 믿음은 그 어떤 보상보다 값지다. 출판사나 편집자가 원고를 보며 독자가 얼마나 공감할지 꼼꼼하게 따지는 이유가 바로 여기에 있다. 믿음은 충실한 독자를 만든다. 충실한 독자는 소중한 재산이며 든든한 응원군이다. 글 쓰는 사람으로서 가장 큰 축복이다.

공감을 얻으려면 내 생각이 고스란히 독자의 뇌로 흘러들어 가야 한다. 독자의 거울 뉴런을 건드려야 한다. 공감을 사전적 의미로 정의하면 이렇다. '남의 감정, 의견, 주장 따위에 대하여 자기도 그렇다고 느끼는 것'. 어려운 글로 독자의 감정에 불을 붙일 수 있을까? 감정은 첫 번째 시나리오와 가깝다. 내용이 어렵고 복잡하면 분석하고 논리적으로 따지려 드는 두 번째 시나리오가 움직인다. 두 번째 시나리오는 공감하기보다는 이해하려고 든다. 두 번째 시나리오는 믿음을 얻기보다는 지식의 축적에 더 큰 의미를 둔다. 물론 에너지 소모도 심하다. 알아듣지도 못할 말을 계속 읽을 독자는 없다. 아무리 완전

무결한 글을 썼어도 독자의 뇌가 그것을 받아들이지 못하면 아무 소용이 없다. 페루 출신의 작가 마리오 바르가스 요사는 자기를 매혹하는 책은 지성이나 이성을 자극하는 내용보다 비판 능력을 완벽하게 잠재운 것들로 가득한 책이라고 말했다.

레오나르도 다빈치, 벤자민 프랭클린, 헨리 키신저, 스티브 잡스를 비롯한 많은 역사적 인물의 전기를 썼던 작가 월터 아이작슨은 아인슈타인의 전기를 쓰면서 그의 논문에 관해 이렇게 평가했다. "대부분의 통찰은 복잡한 방정식이 아니라 언어와 사고실험으로 표현되었다. 어느 정도의 수학이 있기는 하지만, 대부분 우수한 고등학교 3학년 학생도 이해할 수 있는 수준이다." 한편, 과학저술가 데니스 오버바이 역시 "논문 전체가 간단한 언어로 심오하고 깊은 아이디어를 전달해줄 수 있는 능력에 대한 증언이다."라고 말했다.

아인슈타인은 일반 독자도 읽을 수 있도록 쉽게 쓴 〈상대성 : 특수 이론과 일반 이론〉을 출판하기도 했다. 그는 어린 소녀에게 모든 페이지를 읽어주며 내용을 이해하는지 확인했다고 한다. 물론 이 책은 어린 소녀가 이해하기에는 너무 어려웠다. 일반 독자라 해도 큰 차이는 없었다. 여기서 눈여겨봐야 할 점은 자기 머릿속에 들어있는 어려운 이론을 어떻게 하면 쉽게 전달할 수 있을지 고민했던 아인슈타인의 노력이다. 그가 했던 노력은 많은 사람과 공감하고 싶었던 그의 열망이었다. 공감은 곧 믿음이며 믿음은 든든한 지지자를 낳는다. 아인슈타인의 노력은 양자역학이 등장하기 전까지 유효했으며 그를 역사상 가장 뛰어난 물리학자로 만들어 주었다.

일반 사람을 위해 글을 쓰지 않았던 아인슈타인조차 일반 사람에게 다가가려고 노력했다. 작가라면 어려운 내용을 쉽게 써야 할 의무가 있다. 읽어 줄 사람이 없으면 작가는 존재 가치가 없다. 적어도 아인슈타인처럼 노력은 해야 한다. 어렵게 공부하여 힘겹게 쌓아 올린 지식을 독자와 나누지는 못할망정 어렵게 써서 노력과 고통의 산물을 헛되이 해서는 안 된다. 다시 한 번 말하지만 대충 쓰라는 말이 아니라, 쉬운 글로 써서 내가 말하고자 하는 바를 정확하게 전달해야 한다는 말이다.

호르헤 루이스 보르헤스는 누구도 감히 해본 적 없는 셰익스피어의 단점을 지적한 인물이다. 그 어느 작가도 도달하지 못했던 곳에 이른 셰익스피어라도 단점은 있기 마련이다. 보르헤스는 냉철한 시각으로 이렇게 말했다. "셰익스피어는 항상 서둘러서 글을 썼습니다. 그래서 절제된 표현이 없습니다. 공감을 얻으려고 과장하는 경향이 있었지요. 그의 시는 언제나 부분적으로 인용될 때 훌륭합니다. 그의 글을 모티프로 한 영화는 적당한 곳에서 멈추지요. 그래서 그를 위대하게 만듭니다. 하지만 원작은 계속해서 내용이 이어지고 결국 모든 의미가 사라지고 맙니다." 보르헤스의 분석은 정확하다. 셰익스피어는 누구도 흉내내기 어려운 섬세하고 철학적인 언어를 구사했다. 하지만 너무 장황했다. 보르헤스는 어색하거나 고어풍의 단어를 쓰면 독자들의 주의력이 그 단어 때문에 흐트러진다고 생각했다. 이 말은 사실이다. 어렵거나 생소한 문장이나 단어는 두 번째 시나리오의 등장을 부추긴다. 두 번째 시나리오는 글 읽기를 중단하고 어려운 단어나 문장에 주의를 기울이도록 한다. 어떻게 해석해야 할지 고민하기 시작한다. 이 과정에서 글의 전체 흐름은 망가진다. 줄거리는 파편처럼 여기저기로 흩어진다. 제자리로 돌아왔을 때 남겨진 것은 혼돈뿐이다. 독자는 흩어졌던 파편을 다시 모아야 하므로 처음으로 돌아간다. 이러한 과정이 반복되면 독자는 손에서 책을 놓는다.

마크 트웨인은 동료 작가와 비평가 그리고 독자 모두에게서 사랑을 받은 흔치 않은 작가였다. 〈톰 소여의 모험〉과 〈허클베리 핀의 모험〉은 그가 왜 위대한 작가인지 잘 보여주는 대표작이다. 마크 트웨인은 미국의 정신과 사회상을 소년들의 모험과 흑인 짐의 시선으로 그려냈다. 자칫 이해하기 어렵고 철학적일 수도 있는 내용을 전 연령층이 이해하기 쉬운 언어와 구조로 펼쳐냈다. 다른 작가를 평가하는 데 인색했던 헤밍웨이였지만, 마크 트웨인만큼은 예외였다. 그는 마크 트웨인에 대해 이렇게 평가했다. "모든 미국의 현대문학은 마크 트웨인의 〈허클베리 핀의 모험〉에서 나왔다. 그전에는 아무것도 없었고, 그 후로도 없다." 마크 트웨인이 모든 사람으로부터 받았던 믿음과 지지는 매우 드문 일이지만 그만한 이유가 있었다. 모두가 공감할 만한 글을 쓰는 일은 쉬운 일이 아니지만, 누구나 이해하기 쉬운 언어로 말해야 한다는 사실만큼은 분명하다.

독자의 뇌 속 깊숙한 곳에 숨어 있는 신비한 신경망을 자극하는 일은 글 쓰는 사람이라면 반드시 해야 할 일이다. 그 일이 어렵다면 글쓰기는 자기에게 맞는 분야가 아니다. 신경망을 자극하는 일에 지름길은 없다. 부지런히 읽고 공부하고 자료를 모으는 것밖에 없다. 자기 뇌에 신경망이 풍부하면 풍부할수록 독자를 설득하는 일은 쉬워진다. 또 한 가지는 자기가 잘 아는 내용에서 출발하는 것이다. 잘 알면 어렵게 쓰지 않고도 지식을 전달할 수 있다. 열렬한 지지자를 얻고 싶다면 방법은 한 가지뿐이다. 쉬운 글로 독자의 마음을 얻어라!

상상 짧고 담백하게 보여줌으로써 독자의 뇌 속 뉴런을 자극하라

〈해리포터와 마법사의 돌〉이 영화로 만들어졌을 때 많은 사람이 환호했다. 나 역시 그랬다. 원작이 있는 영화가 성공하는 일은 드물다. 해리포터 시리즈는 이 공식을 깼다. 총 8편이 제작되었다. 원작이 있는 영화가 성공하기 힘든 이유는 무얼까? 책은 한 사람의 상상력으로 시작해 많은 사람에게 전파된다. 책은 한 권이지만 상상의 세계는 책을 읽은 사람 수만큼 늘어난다. 작가가 자극한 점화 효과는 사람마다 다르게 나타난다. 살아온 환경이 다르고 지식과 경험이 다르므로 신경망도 다르다. A가 상상하는 해리포터의 세계와 B가 상상하는 해리포터의 세계가 같을 수는 없다. 이렇게 다른 세계를 영화는 하나로 확정 짓는다. 감독이 생각하는 세계관과 관객의 세계관이 일치하면 영화는 사랑을 받지만, 그렇지 않으면 외면받는다. 원작을 본 수많은 사람의 생각을 알지 못하므로 원작을 바탕으로 한 영화가 성공하기란 쉽지 않다.

한 권의 책이 주는 기쁨은 뇌를 자극하여 상상의 세계로 나를 이끄는 데 있다. 영화는 이런 기쁨을 반으로 줄인다. 나는 〈노인과 바다〉를 여러 번 읽었다. 볼 때마다 노인과 소년은 모습을 바꾸었고, 다른 세계가 펼쳐졌다. 헤밍웨이는 자세한 묘사보다 사실을 담백하게 나열함으로써 독자의 상상력을 자극했다. 묘사나 설명이 자세하면 자세할수록 독자의 상상력은 한계에 부딪힌다. 헤밍웨이는 많은 사실 가운데 일부분만 보여줌으로써 이러한 한계를 극복했다. 〈노인과 바다〉도 영상으로 만들어진 적이 있다. 어렵게 영상을 구해 보았다. 1958년에 만들어진 영화는 그럭저럭 볼만했다. 하지만 내가 상상했던 〈노인과 바다〉는 아니었다. 그 뒤에 나온 작품들도 내가 생각하는 〈노인과 바다〉가 아니었다. 시간이 지나자 후회가 밀려왔다. 영화를 보는 게 아니었다. 영화를 본 이후로 〈노인과 바다〉를 읽는 기쁨이 사라졌다. 마음껏 누렸던 상상의 기쁨은 사라지고 영화 속 노인과 소년만 자꾸 떠올랐다.

작품이 영화로 만들어지면 작가는 특별한 기쁨을 얻는다. 하지만 대부분 실망스럽다. 작가는 제작사를 비난하고 제작사는 뒤도 돌아보지 않고 다른 작품을 찾는다. 많은 원작 영화가 제작사와 작가, 작가와 감독, 작가와 출연자 사이를 갈라놓았다. 그래서 소수의 현명한 작가는 작품을 영화화하지 못하도록 한다. 영화야말로 속속들이 모든 것을 보여준다. 그러다 보니 작가는 신중할 수밖에 없다. 작가의 머릿속 세계가 구체적인 하나의 세계로 변하는 과정은 작가의 알몸을 드러내는 것과 같다. 하지만 제작사는 작가의 입장을 고려하지 않는다. 그들은 작품을 해체하고 재해석한다. 작가의 생각을 손톱만큼도 반영하지 않는다. 이렇게 해서 작가가 원했던 의도가 산산이 부서진다. 독자 역시 마음껏 누렸던 상상의 날개를 잃어버린다.

공감을 불러일으키고, 믿음을 주는 글을 쓰기로 마음먹었다면,

다음 할 일은 독자의 상상력을 자극하는 것이다. 점화 효과가 일어나면 독자는 책에 푹 빠져든다. 영상은 시각과 청각을 자극하지만, 글은 뇌를 자극한다. 작가는 독자의 뇌 속 신경망의 불씨를 살리는 일에 힘써야 한다. 글과 영상은 목적과 역할이 다르다. 영화는 시각을 자극한다. 세세한 부분 하나하나까지 관객의 눈을 사로잡아야 한다. 모든 것을 낱낱이 보여주지 않으면 관객으로부터 외면받는다.

글은 다르다. 글은 영화처럼 시각을 자극할 요소가 없다. 그 대신 글은 독자의 뇌를 자극하여 상상의 나래를 펼치도록 한다. 글이 해야 할 일이다. 따라서 영화처럼 너무 구체적이면 안 된다. 가끔 책에 삽화를 그려 넣는 작가도 있는데, 작가가 나서서 상상력을 제한할 필요는 없다.

일일이 묘사하거나 설명하지 말라는 조언은 글 쓰는 사람이라면 반드시 새겨야 한다. 너무 자세한 설명이나 묘사는 독자의 책 읽는 기쁨을 방해한다. 나는 눈치채지 못할지라도 뇌는 놓치지 않는다. 글이 지루하게 느껴지고 하품이 쏟아진다. 길고 장황한 글은 독자에게 외면받을 확률이 높다. 쓸데없는 세부 묘사는 하지 않는 것만 못하다.

노련한 작가는 일일이 설명하지 않는다. 행동이나 대화로 보여준다. 훌륭한 작가는 몇 마디 말로 등장인물의 심리나 살아온 궤적을 드러낸다. 헤밍웨이의 단편 〈도박사와 수녀와 라디오〉에 등장하는 인물들의 대화는 간결하면서 많은 것을 보여주는 좋은 예다. 멕시코인 카예타노는 총을 맞고 병원에 실려 온다. 치명상을 입었지만 죽지는 않았다. 그런데 어찌된 일인지 카예타노를 문병 오는 사람은 없다. 카예타노를 불쌍하게 여긴 수녀는 멕시코인 몇 명을 불러 달라고 경찰에게 부탁한다. 그리고 대화가 이어진다.

"카예타노의 친구 분들 되십니까?"

"아닙니다. 저희는 그 사람에게 상처를 입힌 남자의 친구들이에요."

"와 주셔서 기쁩니다."

"저희도 그래요." 몸집이 큰 사내가 말했다.

"한 잔 하시겠습니까?"

"그러죠." 몸집이 큰 사내가 대답했다.

"그럼 마시죠." 키가 가장 작은 사내가 말했다.

"카예타노의 친구들을 문병 오게 할 순 없을까요?"

"그 녀석한테는 친구가 없어요."

"친구 없는 사람이 어디 있어요."

"그 녀석한테는 없습니다."

"그 사람은 무슨 일을 하나요?"

"카드 도박을 하죠."

"솜씨가 좋은가요?"

"그런 것 같습니다."

"나한테서는 180달러나 빼앗아 갔어요." 키가 가장 작은 사내가 말했다.

"요즘 세상에 180달러란 흔치 않은 돈이죠."

"나한테선 211달러나 빼앗아 갔고요." 몸이 마른 사내가 말했다.

"방심했다간 큰일 날 녀석입니다."

"그럼 그는 돈이 많겠군요."

"우리보다 가난해요. 가진 거라곤 몸에 걸칠 셔츠밖에 없죠."
키 작은 멕시코인이 말했다.

헤밍웨이는 카예타노를 문병 온 사람들이 어떤 사람인지, 카예타노를 찾아오는 사람이 왜 없는지, 카예타노는 등장하지 않지만, 그가 어떤 인물인지까지 짧은 대화로 모두 보여준다. 헤밍웨이는 설명하거나 묘사하지 않고 대화만으로 이야기의 주제와 등장인물을 소개한다. 독자는 헤밍웨이가 일일이 설명해주지 않아도 상상력을 발휘해 생생하게 느낄 수 있다. 헤밍웨이 문체를 스타카토라고 부르기도 한다. 음악 용어인 스타카토는 짧게 끊어서 연주하는 것을 말한다. 때로는 긴 묘사보다 짧은 대화가 주는 힘이 더 클 때도 있다. 아니 대부분 그렇다. 헤밍웨이가 구사한 스타카토 대화법의 맛을 더 느껴보고 싶다면 단편 〈살인자들〉도 읽어 보기 바란다. 많은 도움이 될 것이다.

작가는 독자의 뇌가 할 일을 빼앗거나 방해해서는 안 된다. 뇌가 일으키는 점화 효과는 책에 몰입하도록 하는 중요한 화학작용이다. 이 효과를 최대한 끌어내려면 여백을 잘 활용해야 한다. 모든 여백을 글로 덮지 말고 독자가 채워 넣도록 놔둬야 한다. 헤밍웨이가 말한 '빙산의 원리'의 핵심은 작가가 모든 것을 알려주거나 말해주지 않아도 독자에게 고스란히 전달되는 눈에 보이지 않는 힘이다. 이 힘이야말로 독자의 뇌 안에 불꽃을 일으키는 재료다. 해리포터가 영화화한 이후 해리포터를 읽은 독자의 뇌 속 점화는 해리포터가 영화로 나오기 전에 책을 본 독자의 뇌 속 점화와 다르다. 영화가 성공했건 하지 못했건 상관없이 그들은 손해를 보았다. 뇌의 즐거움 가운데 하나를 잃었다. 뇌는 책이 주는 즐거움보다 영화의 한 장면을 먼저 떠올린다. 뇌가 일으키는 점화 효과가 없으면 시각이 주는 자극을 뛰어넘지 못한다. 나는 눈치채지 못할지라도 뇌는 그것을 포착하고 현실에 반영한다. 영화를 먼저 본 사람에게 책은 지루하고 답답한 하얀 종이일 뿐이다. 설명하지 말고 구차하게 묘사하지 말고 짧고 담백하게 보여줌으로써 독자의 뇌 속 뉴런을 자극하라. 글 쓰는 사람이 해야 할 일이다. 흑인 여성으로 드물게 비평가와 대중 모두에게 사랑을 받았던 토니 모리슨은 이렇게 말했다.

"쓰지 않는 것이 쓴 것에 힘을 실어준다."

진실 1%의 거짓으로 독자를 유혹하려면 99%의 진실을 말해야 한다

우리가 내리는 결정은 뇌의 한 영역인 전두엽에서 일어난다. 물론 전두엽은 뇌의 다른 영역에서 정보를 가져와 충분한 검토과정을 거친 다음 결정을 내린다. 전두엽 혼자 하는 일이 아니라는 말이다. 어찌 되었든 전두엽이 없다면 어떤 결정도 내릴 수 없다는 사실이 중요하다. 전두엽에서 일어나는 결정은 의식의 영역이므로 우리는 '스스로 결정을 내렸다'라고 의식한다. 전두엽에 손상을 입으면 의지를 발휘해 결정하는 일은 불가능해진다. A라는 일을 하다가 B라는 일로 넘어가지 못한다. 다른 사람의 손을 빌리지 않은 이상 같은 일만 되풀이하거나 아예 아무 일도 하지 않는다. 전전두피질의 가장 큰 역할 가운데 하나는 계획을 세우고 세운 계획을 실행하는 일이다. 일상에서 벌어지는 모든 일을 아무렇지 않게 해내려면 전두엽이 건강해야 한다.

전두엽이 하는 일은 가치 있고 중요한 일이다. 전두엽이 있기에 우리는 '의식'한다. 하지만 지금 하려는 이야기는 전두엽이 아니다. 수면 아래에서 큰 힘을 발휘하는 '무의식'이다. 전두엽이 결정을 내리기 전에 일어나는 일은 대단히 중요하다. 전두엽이 결정을 내리려면 충분한 정보가 모여야 한다. 정보는 뇌 안에 저장되어 있다. 정보를 꺼내고 저장하는 일을 할 때 전두엽이 차지하는 역할은 매우 크다. 하지만 기억의 저장이 모두 의식 속에서 이루어지지는 않는다. 많은 부분이 무의식적으로 일어난다. 선택의 다양한 고려 사항이 전두엽에 전해질 때까지 무의식의 과정을 거친다는 원리를 이해해야만 독자의 뇌를 제대로 유혹할 수 있다.

무언가를 결정할 때 의식과 무의식이 함께 작용한다. 그런데 우리 대부분은 의식에만 주목한다. 더 큰 비중을 차지하는 무의식에 관해 정확하게 알아야 한다. 스위스의 신경학자 에두아르 클라파레드는 결정을 내리는 데 무의식이 어떤 역할을 하는지 실험으로 보여주었다. 그는 기억상실증에 걸린 환자와 악수를 하면서 고의로 환자의 손을 핀으로 찔렀다. 다음 날 환자가 다시 찾아왔을 때 그는 클라파레드를 기억하지 못했다. 클라파레드가 악수를 청하자 환자는 단호하게 거부했다. 환자가 악수하지 않기로 결정한 것은 분명 의식적인 행동이지만, 왜 그런 결정을 내렸는지 환자는 알지 못했다. 정상인이었다면 클라파레드가 손을 내밀었을 때 묘한 미소와 함께 그를 째려보면서 악수를 거부했겠지만, 기억상실증 환자에게 클라파레드는 처음 보는 사람이었다. 그가 악수를 거부할 이유는 없었다. 그런데도 환자는 악수를 거부했다. 여기서 중요한 점은 환자와 정상인 모두 뇌 안의 정보를 활용했다는 사실이다. 정보 저장은 우리가 의식하든 의식하지 않든 변함없이 일어나며 출력을 해야 할 때 실마리를 제공한다.

2005년 '윌리엄 제임스상'을 받은 일본의 신경생물학자 나오츠구 스치야는 '연속 플래시 억제'라는 기술로 의식과 무의식의 관계를 설명했다. 그는 피실험자의 한쪽 눈에 화가 난 남성의 얼굴 사진을 투사했다. 다른 한쪽 눈에는 빠르게 변하는 여러 색의 사각형을 투사했다. 피실험자의 눈에 화난 남자의 얼굴은 보이지 않는다. 그 이유는 빠르게 변하는 사각형이 주의를 빼앗기 때문이다. 여기서 재미있는 사실은 피실험자가 화난 남성의 얼굴을 눈치채지 못했음에도 편도체가 활성화했다는 점이다. 편도체는 위협에 반응하는 부위로 평상시에도 상대의 화난 얼굴을 경고신호로 받아들여 활성화한다. 이 실험 역시 직접 의식하지 못하더라도 뇌는 반응한다는 사실을 보여주는 사례다.

이처럼 뇌는 우리가 의식하든 그렇지 않든 자기 할 일을 묵묵히 수행한다. 작가라면 최대한 독자의 뇌 속 무의식을 건드려야 한다. 독자가 아무 생각 없이 책을 들고 훑어보는 동안에도 의식이 포착하지 못한 부분을 무의식은 포착한다. 쉬운 단어, 이해하기 쉬운 문장, 참신한 내용을 비롯한 작가의 열정이 구멍이 숭숭 뚫린 의식의 그물 밖으로 빠져나갈 수는 있어도 촘촘한 무의식의 그물을 빠져나가지는 못한다. 독자가 글이나 책을 선택할 때 무의식의 역할이 크게 작용한다.

뇌과학자이자 과학전문 컬럼니스트인 프리트헬름 슈바르츠는 저서 〈착각의 과학〉에서 인간은 어떤 결정을 내릴 때 안팎으로 다양한 영향을 받는데 대부분은 의식하지 못하며 이러한 무의식이 생각과 행동을 결정한다고 했다. 그러면서 무의식에 영향을 주는 세 가지를 제시했다. 첫째는 유전자이며 둘째는 다른 이의 태도, 그리고 마지막으로 생활환경이다. 여기서 우리가 주목해야 할 요소는 다른 이의 태도다. 작가는 독자의 생각을 변화시켜야 한다. 무의식이 영향을 받도록 말이다. 독자의 무의식을 가장 잘 건드린 사람은 어니스트 헤밍웨이다. 그는 '빙산의 원칙'을 개발하여 글을 썼다. 빙산의 원칙은 작가의 숨은 의도를 독자가 발견하고 해석하도록 유도하는 이론을 말한다. 한마디로 빙산의 원칙은 의식보다 무의식에 호소한 기법이라 할 수 있다. 헤밍웨이는 의식의 그물에 걸리지는 않지만 '이 글에는 무언가 있다'라고 느끼도록 하여 독자를 자기 글의 매력에 빠지도록 만들었다.

헤밍웨이의 뛰어난 천재성은 주제의 모호함을 담백하고 간결한 문장과 사실적이고 객관적인 보여주기로 처리함으로써 독자를 지루하게 하거나 내용을 어렵게 느끼도록 하지 않았다는 데 있다. 주제의 모호함은 자칫 책을 끝까지 읽기 어렵게 할 수 있는데 헤밍웨이는 이를 멋지게 극복했다. 짧게 끊어 쓰는 단문의 활용, 재치 있는 대화, 그리고 형용사나 부사보다 동사를 많이 사용함으로써 문장에 활력을 주는 기법과 쉬운 단어의 사용으로 독자의 무의식을 유혹하는 데 성공했다. 그 결정판인 〈노인과 바다〉는 그에게 노벨상을 안겨주었다.

우리는 비슷한 품질의 제품을 고를 때 가장 고심한다. 의식의 눈으로 아무리 열심히 뜯어보아도 큰 차이가 나지 않을 때 무의식이 작동한다. 흔히 '느낌이 좋아서'라거나 '나도 모르게 끌렸어'라는 표현을 쓰는데 이것이 바로 무의식이 작동했을 때 일어나는 일이다. 뇌는 내가 알지 못하는 부분을 포착해낸다. 수 조개의 뉴런 연결이 쉴 새 없이 서로 소통하며 어떤 결정을 내릴지 계산한다. 화가 난 남자의 사진을 놓치지 않듯이 뇌는 의식이 놓친 아주 사소한 부분도 놓치지 않는다. 무의식을 자극하려면 어떻게 해야 할까?

무의식은 말 그대로 의식하지 못하는 세계다. 인간의 능력으로 무의식의 세계를 알아내기란 불가능할지도 모른다. 의식이 무의식을 발견하려는 노력은 언뜻 모순처럼 느껴지기도 한다. 하지만 어떤 식으로든 우리는 무의식을 경험하며 말로 표현한다. 지금 당장 책장을 들여다보기 바란다. 내가 선택한 책들이 책장에 가지런히 꽂혀 있을 것이다. 그리고 내가 왜 이 책들을 선택했는지 곰곰이 생각해 보기 바란다. 물론 확고한 의지로 구입한 책들이 많겠지만, 그렇지 않은 책도 분명 있다. 아니면 '어떤 책을 살까?' 고민을 거듭하며 신중하게 고른 책도 있을 것이다. 왜 그 책을 골랐는지 과거로 돌아가 생각해보기 바란다. 그리고 책을 꺼내 다시 펼쳐보기 바란다. 무엇이 무의식을 자극했는지 연구하고 고민하면서 답을 찾아보라.

가장 중요시해야 할 글쓰기의 원칙은 '진실'이다. 1%의 거짓으로 독자를 유혹하려면 99%의 진실을 말해야 한다. 직접 경험하지 못한 이야기나 글은 공허한 메아리일 뿐이다. 막장 드라마라고 비판하면서도 막장 드라마가 인기를 끄는 이유는 현실에서 일어날 법하지 않은 황당한 이야기를 우리 주위에서 일어나는 일로 풀어냈기 때문이다. 드라마를 보고 눈물을 흘리고 드라마에서 악당을 연기했던 배우가 현실에서까지 손가락질받는 이유는 드라마가 그만큼 사실적이었다는 방증이다. 글도 마찬가지다. 작가는 경험하고 배우는 일을 게을리해서는 안 되며, 경험하고 배운 것만을 글로 옮겨야 한다. 독자의 무의식을 자극하려면 거짓이 없어야 한다. 이성적으로 생각하면 악역을 연기한 배우는 연기를 한 것뿐이다. 그 배우가 실제 존재하는 것처럼 느끼며 그를 증오하고 손가락질하는 이유는 드라마와 현실을 혼동하기 때문이다. 무의식을 자극하면 이처럼 비현실적인 감정을 불러일으킬 수 있다. 그러려면 사실을 바탕으로 거짓을 써야 한다. 낚시에 미쳐 살았던 헤밍웨이가 〈노인과 바다〉를 썼듯이 말이다.

헤밍웨이는 〈파리는 날마다 축제〉에서 "작가는 사건이 독자에게 일어난 것처럼 여기게 하는 데 성공한다면 목적을 달성한 셈이다. 독자는 자신도 모르게 작가의 기억과 경험 속으로 빨려 들어가 자기가 읽은 글이 자기 삶의 일부가 된 것처럼 느끼지만 그것이 작가의 숨은 의도임을 미처 깨닫지 못한다."라고 말하면서 간접적으로 듣거나 경험한 것을 글로 쓰고자 할 때 먼저 할 일은 자기가 실제 겪었던 경험에 비추어 판단하는 것이라고 강조했다. 헤밍웨이는 전쟁에 관한 작품을 많이 남겼다. 물론 대부분 자기 경험에서 나온 이야기들이다. 하지만 자기가 직접 경험하지 않은 이야기들도 있었다. 헤밍웨이는 작가가 아닌 사람에게서 전쟁의 다양한 이야기를 전해 듣곤 했다. 그는 이탈리아 전선에 배치되어 근무했던 자기 경험에 비추어 그들의 이야기가 사실인지 판단했으며 사실일 경우에 글로 옮겼다. 그가 쓴 전쟁에 관한 이야기가 모두 지어낸 이야기였다면 그의 글은 독자의 무의식을 절대 흔들어놓지 못했을 것이다.

4

창작의 뇌

창작의 뇌

생성　운동화 끈을 동여매고 밖으로 나가라

　　무라카미 하루키는 운동을 즐긴다. 그중에서 그가 가장 좋아하는 운동은 달리기다. 한 편의 긴 글을 쓰는 과정은 마라톤과 비슷하다. 의욕적으로 시작하지만, 너무 힘들어 포기하고 싶은 순간이 찾아오는 것도 그렇고, '러너스 하이'(고통이 행복으로 변하는 순간)라는 짜릿한 흥분을 느끼는 것도 똑같다. 페이스 조절을 하지 못하면 완주하기 어렵다는 점에서도 글쓰기와 마라톤은 비슷하다. 그래서일까? 하루키는 매일 10km를 달린다. 일 년에 한 번은 마라톤 대회에도 참가한다. 그가 쉬지 않고 써 온 작품의 밑바탕에는 달리기가 있었다고 해도 지나친 말은 아니다. 무라카미 하루키는 전업 소설가가 된이후 단 한 번도 달리기를 멈춘 적이 없다. 하루키의 작가로서의 삶은 달리기가 멈추는 날까지 계속될 것이다. 달리기는 글쓰기 다음으로 하루키가 소중하게 생각하는 활동이다. 그는 달리기가 글쓰기에 큰 도움을 준다고 믿는다. 체력도 길러주지만, 무엇보다 지적 능력을 높여준다고 생각한다. 하루키의 말처럼 운동과 지적 생산능력은 관계가 있을까?

1980년대까지만 해도 뇌세포인 뉴런의 숫자는 태어나면서 정해진다고 믿었다. 그리고 뉴런은 성인이 될수록 감소한다는 이론이 정설이었다. 하지만 새롭게 등장한 뇌과학자들은 뉴런이 줄어들기만 하는 게 아니라는 사실을 밝혀냈다. 프린스턴대학교의 엘리자베스 굴드는 영장류의 뇌에서 뉴런 줄기세포를 최초로 발견했다. 이어서 에릭손과 게이지는 죽은 환자의 뇌에서 새로 생성된 아기 뉴런을 찾아냈다. 그 위치는 바로 해마였다. 해마는 기억을 담당하는 중요한 뇌의 기관이다. 이들은 인지 발달에 큰 영향을 끼치는 뉴런 발생에 흥미를 느꼈고, 더 확실한 증거를 찾으려고 곧바로 실험에 들어갔다. 공, 튜브, 쳇바퀴와 같은 자극이 풍부한 생활환경을 만든 다음 늙어가는 생쥐들을 골라 그곳에서 45일간 생활하도록 했다. 결과는 놀라웠다. 생쥐들의 해마 부피가 15% 증가했으며 4만여 개의 새로운 뉴런이 생성되었다. 이들은 여기서 멈추지 않았다. 어떤 활동이 생쥐의 뉴런을 증가시키는지 관찰했다. 해마에서 뉴런의 수가 가장 많이 늘어난 생쥐는 쳇바퀴를 돌던 생쥐였다. 운동이 새로운 뉴런 발생에 중요한 역할을 한다는 사실이 드러났다.

이 실험들은 뇌에 관한 인식을 바꾸는 계기가 되었다. 뇌는 신체와 다를지도 모른다는 가설이 이제 명확해졌다. 신체는 쓰면 쓸수록 닳는다. 이와 달리 뇌는 쓰면 쓸수록 건강해지고 생명을 연장한다. 후속 연구로 뉴런 생성은 특정 뇌 부위에서만 발생한다는 사실도 밝혀냈다. 그 부위는 전두엽과 해마였다. 이 두 부위는 글 쓰는 사람에게 가장 중요한 기관이다. 지식을 습득하고 저장한 다음 다시 꺼내 써야 하는 작가에게 이 일을 수행하는 전두엽과 해마야말로 가장 중요한 도구다. 달리기가 글 쓰는 일에 큰 도움을 준다는 무라카미 하루키의 생각은 옳았다. 달리기는 새로운 뉴런을 생성한다. 뉴런은 많으면 많을수록 좋다.

이쯤에서 이런 질문을 던지지 않을 수 없다. 뉴런의 생성이 자연스럽게 성장으로 이어질까? 그렇지 않다. 아기 뉴런이 생겼다고 저절로 자라는 것은 아니다. 모든 생물이 그렇듯 성장하려면 영양분이 있어야 한다. 아기 뉴런을 그대로 놔두면 얼마 지나지 않아 다시 사라진다. 뉴런을 성장시키려면 어떻게 해야 할까? 인지적 자극이 필요하다. 캐나다 출신의 심리학자 도널드 헵은 이런 말을 남겼다. "함께 활성화하면 신경세포는 강화한다." 그의 말을 뒤집으면 "함께 활성화하지 않으면 신경세포는 약해진다."라고 해석할 수 있다. 뉴런 연결은 쓰지 않고 방치하면 약해지다가 끊어진다. 뇌과학자들은 이를 두고 "쓰지 않으면 잃는다."라고 표현한다. 도널드 헵은 인간이 뇌를 어떻게 써야 하는지 간략하면서도 분명하게 알려주었다.

새롭게 생성된 뇌세포를 유지하려면 적극적인 정신활동이 필요하다. 달리기로 뉴런 생성을 돕고, 새로운 지식 습득이나 글쓰기로 뇌를 자극하여 뉴런을 성장시키는 과정은 작가에게 중요한 선순환이다. 무라카미 하루키는 뇌의 메커니즘을 정확하게 이해한 몇 안 되는 작가였다. 그는 달리기를 하고나면 머리가 맑아지고 글 쓰는 데 도움이 된다는 사실을 일찌감치 알았다. 책상에만 앉아 있어서는 안 된다. 달리기가 힘들다면 빨리 걷기도 좋다. 유산소 운동은 무엇이든 뉴런 생성을 돕는다. 글을 다 썼으면 밖으로 나가라.

글 쓰는 사람이라면 정적이기보다 동적인 것이 좋다. 헤밍웨이는 누구보다 활력 넘치는 작가였다. 그는 복싱 선수였으며 낚시꾼이었다. 사냥을 즐겼으며 여행도 좋아했다. 투우 경기 역시 빼놓을 수 없는 즐거움 중 하나였다. 헤밍웨이는 쿠바에서 오래 살았다. 그곳에서 그는 〈노인과 바다〉를 썼다. 쿠바는 〈노인과 바다〉의 배경이다. 헤밍웨이는 늘 잘 아는 것에 관해 쓰라고 강조했다. 그리고 그 말을 몸소 실천했다. 장편이든 단편이든 그의 작품은 모두 그의 경험에서 나온 이야기들로 채워져 있다. 그의 단편소설에 자주 등장하는 닉 애덤스는 헤밍웨이 자신이었다. 닉 애덤스는 사냥도 하고 낚시도 즐긴다. 닉 애덤스는 헤밍웨이의 또 다른 자아로서 그의 작품에 사실성을 부여한다. 낚시, 사냥, 투우 경기 그리고 쿠바에 관해서 헤밍웨이만큼 잘 쓸 수 있는 작가는 없을 것이다. 글쓰기는 책상에 앉아 머리만 굴리는 작업이 아니라 몸으로 부딪치며 경험한 일을 사실적으로 그려내는 작업이다. 뇌 속 뉴런을 생성하고 성장시키고 활성화하는 일을 게을리하는 것은 작가에게 사망신고와 다름없다. 뇌를 자극하려면 움직여야 한다. 글쓰기를 쉽게 생각해서는 안 된다.

하루도 빠짐없이 글을 써왔다는 이 시대의 대표 한국 작가 김연수 역시 달리기를 좋아한다. 김연수 작가의 작품도 그렇지만 달리기에 관한 애정까지도 무라카미 하루키를 닮았다. 그는 자신이 쓴 산문집 〈지지 않는다는 말〉에서 달리기에 관한 많은 이야기를 풀어 놓았다. 그는 달리기 할 때 느끼는 만족감은 달리는 자체가 아니라 모든 것과의 교감 때문이라고 말한다. 또한, 그는 달림으로써 자신이 살아 있음을 느끼며, 하나의 수행으로 달리기를 대한다고 말했다. 달리기는 김연수에게도 글쓰기에 버금가는 중요한 행위다. 김연수는 매일 달리라고 권한다. 설명하기 어렵지만 달리기를 함으로써 좋은 기운을 얻을 수 있다고 말한다. 김연수 역시 달리기가 글쓰기에 미치는 영향력을 이해했다. 구체적으로 표현하지는 않았지만, 그가 달리면서 느낀 소회는 그것을 말하고 있다.

포스트모던 소설의 대가였으며 〈화이트 노이즈〉로 전미도서상을 받았던 돈 드릴로 역시 달리기를 즐겼던 작가다. 그는 자신의 작업 습관에 관해 이렇게 말했다. "아침에 타자기로 네 시간쯤 일한 뒤 달리기를 하러 나가지요. 그러면 한 세계를 펼쳐내고 다른 세계로 들어가는 데 도움이 돼요." 돈 드릴로 역시 달리기가 주는 혜택을 이해했으며, 작품을 쓸 때 이용했던 탁월한 작가였다.

글은 기억의 출력이다. 상상력은 기억의 조합이다. 기억은 이야기를 펼쳐야 할 작가에게 없어서는 안 되는 소중한 자료다. 좋은 글은 훌륭한 자료에서 나온다. 자료가 풍부하면 할수록 유리하다. 뇌의 기억 용량은 뉴런이 좌우한다. 얼마나 많은 뉴런 신경망이 존재하느냐는 기억의 질과 양을 결정한다. 운동은 뉴런의 생성을 촉진한다. 이 말을 다른 말로 하면 운동은 기억력을 좋게 한다고 말할 수 있다. 기억이 전부는 아니다. 기억을 꺼내 잘 조합하는 능력도 필요하다. 이 일을 하는 장소는 전두엽이다. 알다시피 뉴런 생성은 해마뿐 아니라 전두엽에서도 일어난다. 기억을 잘 조합하여 얼마나 멋진 세계를 창조하느냐는 뉴런에 달렸다. 뉴런의 수와 연결망이 많고 조밀할수록 조합은 뚜렷해지고 다양해진다. 뇌과학이 밝혀낸 뇌의 특성 중 하나는 뇌의 크기보다 뇌의 밀도가 뇌의 성능을 좌우한다는 사실이다. 아인슈타인의 뇌는 일반인보다 크지 않았지만, 특정 부위(전두엽의 한 부위)의 뇌 속 뉴런은 더 풍부하고 조밀했다고 한다.

스티브 잡스는 걸으며 이야기하는 것을 좋아했다. 그를 만나러 오는 사람이라면 누구나 2~3km 정도는 걸을 각오를 해야 했다. 스티브 잡스는 가만히 있으면 쉽게 흥분하는 사람이었지만 걸을 때는 그렇지 않았다. 진지한 대화를 나누고 싶을 때 그는 산책을 했다. 빌 게이츠와의 만남 역시 마찬가지였다. 스티브 잡스는 걷기의 효과를 이용했다. 걸으면서 상대를 설득했고 이해시켰다. 의자에 앉아 이야기할 때보다 훨씬 효과적이었다.

달리기와 걷기는 뇌를 활성화하고 뇌 속 뉴런의 수를 늘린다. 작가라면 운동을 해야 한다. 뉴런을 풍부하게 하는 일은 내 글에 투입하는 병사를 늘리는 것과 같다. 글쓰기 전쟁에서 승리하려면 튼튼한 뉴런 병사를 많이 모아야 한다. 지금 당장 운동화 끈을 동여매고 밖으로 나가라. 걷기와 달리기는 길고 긴 글쓰기와의 싸움에서 승리를 불러올 중요한 열쇠다.

과거의 기억에만 머물지 말고 미래를 바라보라

　세상은 아는 것과 모르는 것 이렇게 두 가지로 나뉜다. 두 가지를 구별해서 인식하려면 뇌에도 두 가지를 담당하는 영역이 각각 존재해야 한다. 아는 것에 반응하는 영역 가운데 중요한 역할을 담당하는 장소는 변연계에 있는 해마다. 해마는 기억을 담당한다. 어떤 장소나 사물이 친숙하다는 의미는 기억에 저장되어 있다는 말과 같다. 아는 것은 편안하다. 안전하고 확실하다. 기억은 과거다. 아는 것을 다른 말로 풀이하면 과거의 경험이다. 아는 것에 집착한다는 말은 과거에 집착한다는 말과 같다.

　뇌가 새로움을 바라보는 방식은 두 가지다. 두려움과 호기심이다. 모르는 것은 새로움이다. 새로움 앞에 섰을 때 먼저 떠오르는 감정은 두려움이다. 기억에 없기 때문이다. 해마와 가장 가까이 있는 뇌 부위가 바로 편도체다. '기억 없음'의 메시지는 신속하게 편도체로 전해진다. 뇌는 나를 보호하려고 공포와 불안을 일으킨다. 위험으로부터 멀리 떨어지라는 신호를 보낸다. 대뇌피질이 발달하지 않았던 오랜 옛날 인류는 여기까지 행동할 수 있었다. 위협적인 존재든 아니든 모르면 도망쳐야 했다. 아는 것보다 모르는 것이 많았던 시대였으므로 당연한 일이다.

　모르는 것과 아는 것이 비슷해지기 시작할 무렵 전전두피질을 비롯한 대뇌피질이 모습을 드러냈다. 새로움 앞에서 물러나기만 했던 인류는 전전두피질의 등장으로 좀 더 침착해졌다. 무작정 도망치던 과거와 달리 호기심을 나타내는 인류가 등장했다. 이 인류는 곧장 달아나기보다 숨어서 관찰했다. 안전하다고 생각하는 순간 대상을 연구하고 기억으로 저장했다. 이때부터 인류는 빠르게 진화하기 시작했다. 편도체가 모든 것을 판단하고 결정하던 시대에서 전두엽이 최종 결정자로 등장하자 모든 것이 바뀌었다. 공포와 두려움은 일시적인 반응으로 내려앉았다. 전두엽은 공포와 불안이 합리적인 대응인지 분석한다. 그럴 필요가 없다고 판단을 내리는 순간 호기심이 고개를 든다. 호기심은 창조적 사고의 첫 단계다.

편도체가 활성화하면 과거에 머무르게 된다. 과거는 안전하므로 문을 닫고 아는 것들로 가득 찬 세계에 갇히게 된다. 과거의 지식을 활용하는 일은 중요하다. 하지만 앞으로 나아가려면 과거보다 먼 미래를 바라봐야 한다. 전두엽은 미래를 내다보는 중요한 통로 역할을 한다. 새로운 도전을 받아들이기보다 현실에 머물려는 사람이 많다. 이런 사람은 글을 써서는 안 된다. 글쓰기는 가장 창조적인 활동이다. 과거보다 미래를 들여다보는 일이다. 내 글이 앞으로 어떻게 전개될지 작가도 모른다. 철저한 계획을 세워도 마찬가지다. 글쓰기만큼 계획대로 되지 않는 일도 없다. 끝없는 호기심은 작가가 갖추어야 할 중요한 덕목 가운데 하나다. 새로움 앞에서 주저하고 눈치를 살피는 일은 작가가 가장 피해야 할 행동이다.

농부의 아들로 태어나 가지고 놀만한 장난감이 없었던 아이는 곤충을 벗삼아 놀았다. 열심히 공부한 아이는 커서 교사가 되었다. 교사 생활을 하면서도 곤충을 향한 호기심은 식을 줄 몰랐다. 틈만 나면 곤충 채집통과 돋보기를 들고 숲을 돌아다녔다. 옷은 너덜너덜해졌지만, 집으로 돌아올 때쯤이면 채집통은 곤충으로 가득 차곤 했다. 배움에 목말랐던 여성들을 모아놓고 곤충 수업을 하기도 했다. 그 시절 여성이 교육을 받는 일은 드물었다. 그는 개의치 않았다.

마냥 즐겁기만 했던 그와 달리 동네 사람들은 그에게 손가락질을 했다. 다 큰 어른이 곤충이나 잡으러 다니는 것도 못마땅하던 차에 여자들 앞에서 곤충 수업을 하다니. 참을 수 없었던 주민들은 학교로 찾아가 항의했다. 결국 그는 직장을 잃고 말았다. 하지만 그는 의기소침해지지도 화를 내지도 않았다. 묵묵히 자기 할 일을 계속해 나갔다. 곤충에 대한 끝없는 호기심과 열정은 마침내 결실을 보았다. 그는 곤충에 관한 열 권의 책을 세상에 내놓았다. 그의 이름은 바로 존 앙리 파브르다. 그리고 그가 쓴 책의 제목은 〈파브르의 곤충기〉다.

한 권의 책을 남기는 일은 쉽지 않다. 무수히 많은 두려움을 이겨내야 한다. 그뿐만 아니라 호기심과 열정도 끝까지 유지해야 한다. 그렇지 않으면 두려움 앞에 무릎을 꿇게 된다. 때로는 무모한 도전도 필요하다. 두려워만 해서는 앞으로 나아가지 못한다. 글쓰기는 단숨에 하는 일이 아니라 긴 시간이 걸리는 작업이다. 끊임없이 나를 괴롭히는 장애물과 마주친다. 장애물을 잘 극복하려면 창작의 불꽃을 꺼트려서는 안 된다.

터키 출신의 작가 오르한 파묵은 글을 쓰려고 위험도 마다하지 않았다. 〈눈〉이라는 작품을 쓰면서 그는 글의 무대인 실제 마을을 취재하기로 마음먹었다. 하지만 그 지역은 정치적으로 불안정한 상황이었다. 부족 간의 게릴라전이 벌어지는 위험지역이었다. 오르한 파묵은 신문사 편집자의 도움을 얻어 출입증을 손에 넣었다. 그가 먼저 한 일은 경찰서장과 시장을 만나는 일이었다. 언제 어떻게 게릴라나 경찰에게 잡힐지 모르기 때문이었다. 한창 취재를 하던 도중 예상했던 일이 벌어졌다. 지역 경찰이 그를 체포했다. 의심스러운 외부인이 거리를 활보하는 것은 잡아가 달라는 것과 마찬가지였다. 오르한 파묵은 준비한 대로 시장과 경찰서장의 이름을 말하면서 그들과 친한 작가라고 설명했다. 아무 일 없이 풀려난 그는 마을 곳곳을 사진과 영상으로 담아 돌아갔다. 이야기를 듣고 친구들은 하나같이 그를 미친 사람 취급했다. 글을 쓰려고 목숨을 거는 행동은 이해할 만한 일이 아니었다. 오르한 파묵은 글을 완성했고 책을 출판했다. 이 책은 사회성 짙은 내용을 담고 있어서 여기저기서 협박을 받았다. 하지만 책의 상징성은 영원히 남았고, 뉴욕 타임스 〈올해의 책〉에 선정되었다.

좋은 글은 어디서 나올까? 글을 쓰는 사람이라면 누구나 궁금해하는 부분이다. 나 역시 그렇다. 한마디로 깔끔하게 요약할 수 있다면 얼마나 좋을까? 하지만 아무도 그렇게 하지 못한다. 좋은 글은 하나로 정의할 수 없다. 답이 정해져 있지 않은 글쓰기에서 정답을 찾는 일은 어리석은 행동이다. 질문을 바꿔야 한다. '좋은 글은 어디서 나올까?'가 아니라 '좋은 글을 쓰려면 어떻게 해야 할까?'로 말이다. 이 질문에 대한 답도 하나로 정의하기 어렵지만, 호기심을 유지하는 일만큼은 확실하게 말할 수 있다. 작가는 계속해서 새로움을 추구해야 한다. 남이 가지 않는 곳도 가야하고, 남이 손가락질하는 행동도 서슴없이 해야 한다. 남과 같이 행동하고 새로운 일에 두려움을 느끼는 사람은 감동을 주는 글을 쓸 수 없다.

위험한 일에 뛰어들며 무모하게 행동하는 것만이 새로움을 추구하는 일은 아니다. 좋은 작가는 작품 자체의 다양성에 주목한다. 책을 낼 때마다 스타일에 변화를 준다. 대표적인 작가가 바로 무라카미 하루키다. 그는 일본 사람이지만 대단히 서양적인 작가다. 그의 실험정신만큼은 본받을 만하다. 무라카미 하루키의 스타일은 독특한 것으로 잘 알려져 있다. 그의 글은 난해하면서도 쉽다. 이해하기 쉬운 문장으로 복잡한 플롯을 쓰는 그의 스타일은 그 누구도 하지 못한 일이다. 초현실주의 책을 주로 쓰지만 〈노르웨이 숲〉처럼 리얼리티가 풍부한 책을 내기도 한다. 무엇보다 그는 한 곳에서만 글을 쓰지 않는다. 〈태엽 감는 새〉는 미국에 살면서 썼으며, 세계 곳곳을 돌아다니며 여러 에세이를 남겼다. 이방인의 낯섦을 고스란히 글로 녹여냈다. 그는 일본 문학보다 서양 문학을 주로 읽는다. 그의 책과 문장에는 레이먼드 챈들러도 있고, 도스토옙스키도 있으며, 프란츠 카프카도 있다. 하지만 그 어느 하나로 귀결되지 않는다. 자기만의 색깔로 잘 녹여서 풀어내기 때문이다. 그가 좋아하는 재즈 역시 글을 쓰는 데 큰 힘을 발휘한다. 문장에 리듬감을 주는 일은 음악과 비슷하다. 무라카미 하루키가 쓴 책에서 재즈 냄새가 나는 이유는 재즈의 리듬감을 글로 살렸기 때문이다. 이렇게 무라카미 하루키는 여러 가지를 섞어 글에 녹인다. 한 인터뷰에서 그는 이런 말을 남겼다. "새 소설을 쓸 때마다 구조를 파괴합니다. 새로운 걸 만들기 위해서요. 언제나 새로운 주제, 새로운 한계, 그리고 새로운 비전을 새 책에 집어넣습니다." 좋은 글을 쓰려면 어떻게 해야 하는지 무라카미 하루키의 이 말이 좋은 해답이 될 것이다.

지금은 예전과 달리 모르는 것보다 아는 것이 더 많은 세상이다. 새로움이 익숙한 것으로 변하는 과정이 너무 빨라 오히려 문제다. 새로운 정보는 인터넷으로 순식간에 널리 퍼진다. 그러니 쓸데없이 편도체를 활성화하지 마라. 무엇이 두려운가? 글을 쓰기로 작정했다면 과거의 기억에만 머물지 말고 미래를 바라보라. 그리고 용감하게 도전하라. 내 글이 어떻게 펼쳐질지 결말이 궁금하지 않은가?

알고 있는 것들을 섞거나 뒤집어 새롭게 만들어라

　　노스웨스턴대학교의 신경과학 교수 마크 비먼 박사는 통찰력에 관해 연구하면서 이렇게 말했다. "영감이 떠오를 때까지 다양한 아이디어를 검토하면서 주어진 과제를 논리적으로 푸는 시간이 답을 찾는 과정의 40%를 차지하고, 나머지 60%의 시간에 통찰을 경험한다." 영감이라고 부르는 깨달음에 도달하려면 철저한 논리적 사고가 필요하다는 이 말은 끊임없이 사고하고, 고민하는 과정이 뒤에 따라오는 영감의 연료 역할을 한다는 것을 말해준다.

　　아인슈타인, 레오나르도 다빈치, 스티브 잡스를 비롯한 창조의 대가들이 보여준 열정은 새로운 발견이 한순간에 떠오른 영감이나 운 덕분이 아니라는 사실을 깨닫게 한다. 아인슈타인의 첫 논문은 특허사무소 직원으로 일할 때 작성한 것으로 알려져 있다. 사람들은 아인슈타인이기 때문에 가능했으리라 생각한다. 하지만 아인슈타인은 하루도 빼먹지 않고 이론의 실체를 밝히려는 사고실험을 했다. 업무 시간에도 책상에 논문자료를 잔뜩 올려놓고 머리를 싸맸다. 특허 신청 서류를 검토하면서 자기 이론을 뒷받침할만한 아이디어를 찾기도 했다. 쉬지 않고 사고실험을 한 아인슈타인은 특허사무소 직원으로 일하던 1906년과 1907년 사이에 16편의 논문을 썼다. 답을 찾고자 하는 끈질긴 노력이 없었다면 이루어내기 힘든 성과물이다.

르네상스시대 천재 화가 하면 떠오르는 인물이 있다. 레오나르도 다빈치다. 엄밀히 말하면 레오나르도 다빈치는 화가가 아니다. 그림이 그의 삶에 중요한 부분이었음은 틀림없지만, 그는 그림뿐 아니라 다방면으로 두각을 나타냈다. 그가 남긴 7,000여 장의 메모는 그가 왜 당대 최고의 인물이었는지 잘 보여준다. 레오나르도 다빈치는 생물학, 지질학, 수력학, 지구과학, 인체해부학, 무기학, 광학, 수학, 천문학, 건축학, 조각 등 이루 헤아릴 수 없이 많은 분야를 섭렵했다. 말년에 그리기 시작한 인류 역사상 가장 위대한 작품인 〈모나리자〉는 단순한 예술 작품이 아니다. 〈모나리자〉에는 그의 지적 탐구가 고스란히 녹아있다. 레오나르도 다빈치는 광학과 인체 해부 그리고 수학과 수력학 지식뿐 아니라 지구에 관한 과학적 지식까지 총동원하여 〈모나리자〉를 그렸다. 미술사학자 케네스 클라크는 〈모나리자〉를 보고 이렇게 말했다. "그의 끝없는 호기심과 쉴 틈 없이 한 주제에서 다른 주제로 넘어가는 태도가 단 하나의 작품 속에 조화롭게 반영되어 있다. 과학, 그림 실력, 자연에 대한 집착, 심리적 통찰력이 모두 그 안에 담겨 있는데, 너무 완벽한 균형을 이루고 있어 우리는 한눈에 그것들을 구분할 수 없다." 레오나르도 다빈치가 평생을 바쳐 연구했던 다양한 지식의 기반이 없었다면 〈모나리자〉는 탄생할 수 없었다.

혁신의 아이콘 스티브 잡스는 평생을 남과 다르게 생각하면서 살아왔다. 애플사의 첫 컴퓨터를 만든 스티브 워즈니악의 천재성은 스티브 잡스가 아니었다면 빛을 볼 수 없었을지도 모른다. 스티브 잡스는 워즈니악이 거의 장난삼아 만든 조잡한 컴퓨터에서 미래를 발견했다. '블루박스'라 이름 붙인 이 제품은 스티브 잡스와 워즈니악이 파트너쉽을 맺는 계기가 되었다. 물론 스티브 잡스의 아이디어였다. 스티브 잡스는 워즈니악이 만들고 자신이 제품화한다면 멋진 사업이 될거라 생각했다. 워즈니악은 그렇게까지 생각하지 않았지만 말이다.

스티브 잡스는 사사건건 고집을 부렸으며 마찰을 일으켰다. 직원을 무시하는 것은 물론 험한 말도 서슴지 않았다. 그는 분명 조직사회에 어울리지 않는 타입이었다. 하지만 스티브 잡스는 이 버릇을 평생 고치지 않았다. 그는 아무리 사소한 부분이라 해도 그냥 넘어가는법이 없었다. 컴퓨터 안에 들어가는 회로 기판의 모양, 그 당시 아무도 신경 쓰지 않았던 제품 상자 디자인과 컴퓨터 모서리에 대한 집착그리고 모두가 의아해했던 폰트의 다양성에 대한 고집까지 스티브 잡스는 아무도 중요하다고 생각하지 않는 부분에 몰두했고 자기 의견이충분히 반영될 때까지 기다렸다. 시간이 흐르고 결국 그의 생각은 대부분 옳았음이 증명되었다. 지나치다 싶을 정도로 꼼꼼했으며 남이보지 못한 부분까지 신경 썼던 스티브 잡스의 오랜 집념이 없었다면애플은 그저 그런 회사로 남았을지도 모른다.

창작은 기나긴 준비과정의 결과물이다. 아무런 준비 없이 영감이 뚝 떨어지는 일은 없다. 의식적 노력이 중요한 이유는 무의식의 점화를 촉진하기 때문이다. 창작을 결과 위주로 생각하면 무의식적인 마술인 듯 보이지만 의식의 다리 없이는 기적은 건너오지 못한다. 두 번째 시나리오에 불이 들어와야 첫 번째 시나리오에 점화가 시작된다. 많은 작가가 경험을 중요하게 여긴다. 경험 없이 새로운 창작의 불꽃을 터트리기 어렵다는 사실을 이들은 잘 알고 있다. 헤밍웨이의 모든 글은 그가 지나온 경험의 시간이 합쳐진 결과물이다. 루이 파스퇴르 역시 "준비된 자만이 자기 분야에서 중요한 것을 발견할 기회를 잡는다."라고 말했다.

움베르토 에코는 자기 작품에 등장하는 모든 인물 속에는 자기 모습이 투영되어 있다고 말한다. 그는 개인적인 기억을 등장인물에 불어넣었다. 움베르토 에코의 경험을 나누어 가진 가상의 등장인물들이 그의 작품 곳곳에서 활약한다. 오르한 파묵은 글을 쓰려고 여러 해 동안 생각한다. 그는 공책에 앞으로 쓸 것들을 꾸준히 정리하고 메모해 둔다. 이렇게 해놓으면 소설을 쓸 가능성이 커진다고 믿었다. 그는 소설 한 편을 끝내고 대략 두 달 정도가 지나면 다른 소설을 쓰기 시작한다. 물론 창작 노트가 있기에 가능한 일이다. 이언 매큐언은 〈속죄〉를 여러 달 동안 스케치하고, 메모하고 나서야 쓸 수 있었다. 처음에는 어떻게 써야 할지 몰랐지만, 어느 순간 글을 써도 되겠다는 깨달음이 찾아왔고 마침내 시작할 수 있었다.

역사상 가장 위대한 책 가운데 하나로 꼽히는 〈백 년 동안의 고독〉을 쓴 가르시아 마르케스는 한동안 경험이나 기억의 사실보다 지적인 태도로 글을 썼다고 고백했다. 그는 헤밍웨이를 비롯한 일명 '잃어버린 세대'라 불리는 미국 작가들 덕분에 자기 작품이 삶과 아무런 관계를 맺지 못하고 있다는 사실을 깨달았다. 〈백 년 동안의 고독〉은 깨달음을 얻자마자 쓴 첫 작품이었다. 그는 윌리엄 포크너를 버리고 헤밍웨이를 따랐다. 마르케스는 젊은 작가들에게 조언해 주고 싶은 말이 있다고 하면서 이렇게 말했다. "자기 자신에게 일어났던 일에 대해 글을 써라."

글을 쓰려면 쓰고자 하는 주제에 관해 깊이 생각해야 한다. 깊이 생각하다 보면 어느 순간 번뜩이는 아이디어가 떠오른다. 멋진 일이지만 자주 있는 일은 아니다. 창조적 사고는 오로지 이 과정에서만 일어날까? 임상신경학교수 엘코논 골드버그는 창의 과정이란 추상적인 일이 아니라고 강조한다. 창의 과정은 특정한 지식, 학습, 경험, 기술을 바탕으로 한 노력이라고 말한다. 또한, 그는 새로운 발상이나 해답은 진공에서 나오지 않는다고 거듭 강조한다. 대부분 앞서 형성된 발상이나 해답을 새롭게 구성한 결과에서 생겨난다고 말한다. 그러면서 이 역할을 담당하는 구역이 바로 전두엽이라고 밝힌다. 우리가 물고기나 사람을 떠올릴 때 전두엽은 필요 없지만, 인어를 떠올리려면 전두엽의 역할이 반드시 필요하다. 사람과 물고기는 실제로 존재하며 경험으로 배워 알지만, 인어는 경험이 아닌 인간과 물고기를 조합할 수 있어야만 떠올릴 수 있는 존재이기 때문이다.

두 번째 시나리오를 움직여 끊임없이 찾고 갈구하는 과정이 있어야만 첫 번째 시나리오의 마법을 기대할 수 있다. 그러나 엘코논 골드버그 교수가 말한 것처럼 번뜩이는 아이디어는 갑자기 하늘에서 떨어지는 마법으로만 얻을 수 있는 것은 아니다. 두 번째 시나리오를 이용해 새로운 조합을 만들어내는 일도 창조의 한 방법이다. 오히려 이러한 방법으로 새로운 것을 만들어내는 사람이 더 많다. 우리는 갑자기 떠오르는 번뜩이는 생각이 찾아오기를 기다리지만, 그것은 확률 낮은 일에 아까운 시간을 허비하는 것과 같다. 좋은 작가라면 내가 쌓아온 경험과 기억 그리고 지식을 모아 그 안에서 실마리를 찾으려고 해야 한다. 인간과 물고기로 인어를 만들어냈듯이 알고 있는 것들을 섞거나 뒤집어 새롭게 바라봐야 한다. 그렇게 하다 보면 언젠가는 인어를 만들어낼 수 있다. 그 인어는 세상에 한 번도 모습을 드러낸 적 없는 독창적인 나만의 주제다.

영감   영감은 안내자가 아니라 지나가는 사람에 가깝다

신경심리학자 파브리티우스와 한스 하게만은 길게 나열된 숫자를 더하거나 불분명한 고대 문헌의 의미를 해석하는 것처럼 이성적 문제 해결을 요구하는 상황이 아니라면 두 번째 시나리오가 참여하는 집중력이나 이성적 사고를 잠시 멈출 필요가 있다고 말한다. 그들은 집중력은 지금 하는 일과 관련이 없는 모든 자극을 차단하기 때문이라는 그럴듯한 이유를 제시한다. 창조적 발상은 생각이 열려 있을수록 더 잘 작동한다. 한 권의 책을 막 탈고한 작가나 아무런 준비 없이 글쓰기를 시작하려고 하는 사람에게 이 방법은 그럴듯하게 들릴지도 모른다. 이때는 특정 주제에 얽매여 있지 않으므로 두 번째 시나리오는 작동하지 않는다. 오로지 첫 번째 시나리오만이 망망대해에 던져진 조각배처럼 이리저리 떠다닌다. 두 번째 시나리오의 엄격한 간섭이 없으므로 다양한 가능성의 파편이 여과 없이 무의식으로 빨려든다. 운이 좋다면 대어를 낚을 수도 있다. 실제 몇몇 작가는 이런 식으로 유명해졌다.

그는 1978년 4월 텅 빈 야외석에 앉아 맥주를 마시며 프로야구 경기를 관람하고 있었다. 데이브 힐턴이 날린 깨끗한 2루타는 그의 인생을 송두리째 바꿔놓았다. 그 감각이 어떻게 찾아왔는지 이유는 모르지만, 그는 그 감각을 '계시'라고 생각했다. 집으로 돌아가던 길에 서점에 들러 원고지와 만년필을 샀다. 그날부터 그는 가게가 끝나면 주방 식탁에 앉아 글을 썼다. 반년 후 그가 쓴 소설은 한 문예지에 발표되었다. 그때 그의 나이 서른이었다. 무라카미 하루키가 세상에 이름을 알린 순간이었다. 신인상을 탄 이후 무라카미 하루키는 단 한 번도 슬럼프에 빠지거나 작품 활동을 중단하지 않았다. 하루키는 현대 일본 문학의 대표 작가가 되었다.

〈마구〉를 쓴 조이스 캐리는 이런 경험을 자주 하는 흔치 않은 작가 가운데 한 사람이다. 그녀는 증기선을 타고 가다가 갑판에 홀로 앉아 있는 여성을 보았다. 그 순간 그 여성에 관해 글을 써야겠다고 마음먹었다. 이후 조이스 캐리는 숙소와 비행기에서 이야기를 펼쳐 나갔다. 갑판에서 보았던 여성은 그녀의 작품에 중요한 영감을 제공해 주었다.

영감에 대해 아무것도 모르며, 직접 본 적도 없다고 할 정도로 영감을 믿지 않았던 윌리엄 포크너는 그의 대표작 〈소리와 분노〉를 쓸 때의 이야기를 담담하게 풀어 놓았다. 〈소리와 분노〉는 한 줄기 빛처럼 포크너의 어깨 위에 내려앉았다. 이 작품은 우연히 탄생했는데 포크너는 '정신적 그림'이라고 표현했다. 그림은 너무 또렷했고 윌리엄 포크너는 이 그림이 한 권의 책으로 쓰여야 한다는 사실을 깨달았다. 〈소리와 분노〉는 다섯 번이나 고쳐 쓰고 나서야 세상에 모습을 드러냈다.

'영감'이라는 마법은 말 그대로 마법이 아니다. 어디선가 날아오는 뜻밖의 선물이 아니라 뇌 안에서 일어나는 일이다. 실망스럽겠지만 사실이다. 두 번째 시나리오를 써서 집중력을 한껏 올렸다가 모두 소진하면 첫 번째 시나리오가 뒤를 잇는다. 에너지를 보충하려면 생각을 하나로 모으는 것보다 그냥 내버려 두는 편이 낫다. 영화를 보거나 여행을 하거나 책을 읽거나 하는 행동은 첫 번째 시나리오가 다 써버린 에너지를 보충하려고 애쓰는 무의식적인 노력이다. 이때 일어나는 점화 효과는 예측하기 어려운 방향으로 흐른다. 운이 좋다면 의식적 노력이 해결하지 못한 문제를 해결하기도 한다. 수학 문제를 풀거나 글을 쓰다가 막혔을 때 계속 문제를 잡고 끙끙대기보다는 한발 물러섰을 때 오히려 일이 더 잘 풀릴 때가 있다. 두 번째 시나리오의 불을 끄고 첫 번째 시나리오의 불을 밝혀야 한다. 첫 번째 시나리오의 꿈결 같은 점화는 내가 미처 의식하지 못했던 곳으로 안내한다. 늘 내 안에 존재하고 있었지만, 의식하지 못했던 장소까지 찾아가 불을 밝힌다. 풀지 못했던 어려운 문제를 해결하려면 의식의 힘으로 가지 못했던 장소까지 갈 수 있는 첫 번째 시나리오의 도움을 받아야 한다. 파브리티우스와 한스 하게만은 이런 일이 전측 상측두회와 전전두피질 사이에서 일어난다고 주장한다. 전측 상측두회는 눈과 귀 사이에 있는 부위다.

파브리티우스와 한스 하게만은 영감을 불러일으키는 조건 몇 가지를 제시했다. 글 쓰는 사람이라면 도움이 될 만한 방법이므로 잘 알아두기 바란다.

> 첫째, 긍정적 사고
> 둘째, 고정관념에서 벗어나기
> 셋째, 휴식 시간 갖기
> 넷째, 내면에 귀 기울이기

이 가운데 주목해야 할 부분은 내면에 귀 기울이기다. 휴식을 취할 때 활성화하는 부위는 복내측전전두피질과 안와전전두엽피질 그리고 전측 상측두회를 포함한 후두정피질이다. 이 부위가 동시에 활성화하면 외부의 그 어떤 자극에도 반응하지 않으며 오로지 물 흐르듯 내면을 탐구하면서 이리저리 떠다닌다. 이때 우리가 흔히 말하는 영감이 불쑥 찾아온다. 아르키메데스가 목욕탕에서 외친 "유레카"는 바로 이와 같은 상태에서 일어난 뇌의 화학작용이지 하늘에서 내려 준 갑작스러운 축복이 아니다. 증기선 갑판에서 조이스 캐리가 경험한 일이나 야구장 야외 관람석에서 무라카미 하루키에게 찾아온 생각하지 못한 욕망은 우연이 아니다. 다른 사람이라면 다른 방식으로 펼쳐졌을 생각의 파편이 그들에게는 글이라는 그릇에 담겨 찾아온 것뿐이다.

솔직하게 말하면 나는 영감을 믿지 않는다. 나는 늘 깨어있기를 바란다. 이성적으로 사고하며 노력할 때 찾아오는 번뜩임이야말로 작가에게 필요한 영감이라고 생각한다. 진주는 풍부한 경험과 지식 그리고 눈을 부라리며 자료 속에 파묻혔을 때 모습을 드러낸다고 믿는다. 작가 대부분은 돋보기와 곡괭이를 들고 이야기를 써 내려간다. 멍하니 앉아 무언가를 기다리며 시간을 허비하지 않는다. 갑작스러운 영감은 보너스라고 생각해야 한다. 너울거리는 파도를 헤치며 망망대해를 헤매다 보면 저절로 진주가 떠오르기도 한다. 흔한 일은 아니지만, 뇌가 주는 선물은 생각하지 못한 형태로 찾아온다. 하지만 로또처럼 기회는 어쩌다 한 번뿐이다. 연속해서 일어나기를 기대해서는 안 된다.

'영감'은 뇌에서 일어나는 무의식적 활동을 다르게 표현한 것일 뿐이다. 무의식은 내가 모르는 세계다. 필요할 때 제시간에 딱 맞춰서 찾아오는 일은 없다. 다만 그러기를 바랄 뿐이다. 그렇다고 허구한 날 빈둥거릴 수는 없다. 영감을 기다리기 딱 좋은 시기는 책이나 글을 열심히 쓰고 난 다음이다. 할 일을 하고 났을 때다. 주의할 점은 영감이 진주인지 아닌지는 지나고 나야 알 수 있다는 사실이다. 영감은 저절로 커나가는 것이 아니라 작가가 키워야 한다. 무라카미 하루키는 가게에서 처음 썼던 〈바람의 노래를 들어라〉 초고를 보고 아주 실망했다. 펜을 놓고 수없이 고민하고 고쳐 썼다. 윌리엄 포크너의 〈소리와 분노〉 역시 처음에는 그에게 아무것도 가져다주지 못했다. 〈성역〉을 쓰고 나서야 〈소리와 분노〉는 인정받기 시작했다. 그것도 여러 번 수정을 거친 다음이었다. 영감을 받아 글을 쓰더라도 노력 없이는 진주로 만들기 어렵다. 영감이 찾아왔다고 해서 삶이 하루아침에 변하는 일은 없다. 정신을 바짝 차려야 한다. 영감이 쓸모없는 돌멩이로 바뀌지 않도록 정교하게 다듬는 일을 빼먹지 말아야 한다. 영감은 내 손을 잡고 목적지까지 안내하는 가이드가 아니라 손가락으로 목적지를 알려주는 지나가는 사람에 가깝다는 사실을 잊어서는 안 된다.

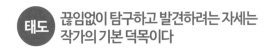

태도　끊임없이 탐구하고 발견하려는 자세는 작가의 기본 덕목이다

　전성기라 부를 수 있는 나이는 언제일까? 20대? 30대? 아니면 40대? 신체를 기준으로 하면 10대 후반에서 20대까지일 것이다. 30대부터는 정점에서 내려온다. 물론 사람마다 약간의 차이는 있다. 하지만 대체로 비슷한 사이클을 이룬다. 뇌의 기준으로 보면 어떨까? 뇌 역시 마찬가지일까? 그렇다고 생각하는 사람이 많다. 정말 그럴까? 뇌의 능력을 측정하는 기준은 무엇일까? IQ? 기억력? 십자말풀이? 수학 실력? 뇌의 능력을 하나로 정의할 수 있을까? 그렇게 하기 힘들다. 뇌의 능력을 하나로 정의하는 것은 까다로운 일이다. IQ가 높은 사람이 허드렛일을 하기도 하고, 기억력이 좋은 사람 중에 수학 실력이 형편없는 사람도 많다. 수학문제를 술술 푸는 사람이 역사나 국어에 약한 모습을 보이기도 한다. 뇌의 능력을 한마디로 정리하기 어려운 이유는 장점이 사람마다 다르게 나타나기 때문이다. 신체능력을 측정하는 것과 뇌의 능력을 측정하는 일은 전혀 다른 문제다. 뇌의 전성기를 신체나이처럼 딱 부러지게 정의할 수 없다. 뇌세포 역시 나이가 들수록 조금씩 줄어든다. 하지만 뇌의 노화와 신체의 노화는 같지 않다. 신체의 노화는 되돌릴 수 없지만, 뇌의 노화는 얼마든지 되돌릴 수 있다. 노화를 늦출 수도 있고 심지어 더 좋게 할 수도 있다. 왜 그럴까? 뇌는 신체와 달리 쓰면 쓸수록 좋아지기 때문이다.

　창의성은 언제 가장 활발할까? 열이면 열 가장 초롱초롱한 20대나 30대를 떠올릴 것이다. 답을 얻으려면 창의성의 개념부터 정확하게 알고 넘어가야 한다. 뇌과학교수 산드라 본드 채프먼은 "똑똑함은 상태, 그리고 창의성은 행동에 가깝게 느껴진다."라고 말했다. 심리학자 로버트 스턴버그 역시 "창의성은 특정한 사고방식이 아니라 삶에 대한 태도를 의미한다."라고 말했다. 두 사람의 말에 동의하는 이유는 창의성이 특정 나이와 상관없다는 내 생각과 일치하기 때문이다. 창의성도 뇌의 능력 가운데 하나다. 따라서 창의성 역시 뇌의 특성을 그대로 반영한다. 쓰면 쓸수록 좋아진다. 20대보다 50대의 창의성이 떨어진다고 단정지을 수 없으며 그 반대도 마찬가지다. 어떤 태도로 살아왔는가가 중요하다.

20대의 헤밍웨이가 50대의 헤밍웨이보다 창의력이 더 뛰어날까? 정확하게 정의하기 어렵지만, 그의 눈부신 창작물인 〈노인과 바다〉는 헤밍웨이가 53세에 발표한 작품이다. 그가 이룩한 모든 성과물을 집약해서 쓴 책이 바로 〈노인과 바다〉다. 딱 한 편의 소설로 노벨상을 받은 사람이 있다. 〈닥터 지바고〉를 쓴 보리스 파스테르나크가 그 주인공이다. 그는 1945년 55세에 첫 집필에 들어갔으며 8년 뒤인 1953년에 원고를 마무리했다. 그의 나이 63세였다. 그리고 1958년 유일한 장편소설 〈닥터 지바고〉는 그에게 노벨문학상을 안겨 주었다. 그 후로 더는 소설을 쓰지 않았다. 파스테르나크는 〈닥터 지바고〉 안에 그의 모든 것을 쏟아부었다. 움베르토 에코 역시 마찬가지다. 그는 48세와 56세에 대표작 〈장미의 이름〉과 〈푸코의 진자〉를 발표했다. 비평가와 대중 모두에게 사랑받으며 노벨문학상을 거머쥔 가브리엘 가르시아 마르케스의 작품 〈백 년 동안의 고독〉 역시 그가 40세에 발표한 작품이다. 작가들이 존경하는 작가 조지 오웰은 불멸의 작품 〈동물농장〉을 42세에, 〈1984〉를 46세에 발표했다. 러시아 출신 미국 작가인 블라디미르 나포코프는 〈롤리타〉를 56세에 출간했다. 이 외에도 수많은 위대한 작가가 중년이 훌쩍 넘은 나이에 생애를 통틀어 역작이라 불릴만한 작품을 써냈다.

반대편에 서 있는 작가 역시 존재한다. 부조리 문학의 대부 알베르트 카뮈의 〈이방인〉은 28세에 쓴 작품이다. 그는 20대에 이미 완성된 작가였다. 미국 현대문학의 대표작가 필립 로스는 첫 작품 〈안녕, 콜럼버스〉로 전미도서상을 받았다. 그의 나이 26세였다. 노벨문학상 수상작 〈양철북〉은 귄터 그라스의 데뷔작이었다. 그는 20대 후반 작품을 쓰기 시작하여 32세에 발표했다. 그는 데뷔작 〈양철북〉으로 한번에 위대한 작가의 반열에 올랐다. 〈양철북〉은 영화로도 만들어졌다. 스티븐 킹의 첫 데뷔작 〈캐리〉는 27세에 나왔으며 이후 스티븐 킹의 모든 작품은 열렬한 환영을 받았다. 전성기 작품 〈스탠드〉가 나왔을 때 그의 나이는 31세에 불과했다. 트루먼 커포티는 24세에 단편 〈마지막 문을 닫아라〉로 오헨리상을 받았으며 같은 해에 쓴 첫 장편 소설 〈다른 목소리, 다른 방〉은 〈뉴욕타임스〉의 베스트셀러에 올랐다.

이처럼 창조적 사고는 특정 나이와 아무런 상관이 없다. 뇌의 성능을 좌우하는 것은 뇌를 잘 썼느냐 그렇지 않느냐일 뿐이다. 뇌세포인 뉴런은 연결을 이루어야지만 제 역할을 한다. 아무런 연결을 이루지 못한 뉴런은 쓸모없어지고 결국 사라져 버린다. 뉴런이 서로 연결되려면 자극을 주어야 한다. 자극을 주면 줄수록 연결은 튼튼해진다. 뇌과학에서 뉴런 연결의 중요성은 더는 새로울 것 없는 진부한 이론이다. 외부 자극을 끊임없이 받아들이고 이 자극을 내부에 저장해 놓은 기억과 비교하고 분석하는 과정을 얼마나 열심히 하느냐가 뇌의 성능을 좌우한다. 나이보다는 어떤 삶을 살았는지 아니면 지금 어떤 삶을 살고 있는지가 훨씬 중요하다. 창의성은 이런 태도에 따라 일찍 발휘되기도 하고 늦게 발휘되기도 한다. 산드라 본드 채프먼은 창의성을 방해하는 생활태도에 관해 이렇게 정리했다.

첫째, 뇌에 자동조종장치를 걸어 두는 것
둘째, 새로운 도전 회피
셋째, 창조적인 시절은 지났다는 생각
넷째, 적응력 부족
다섯째, 자신과 다른 견해에 대한 강한 거부감
여섯째, 비협조적인 태도

여기서 첫째로 밝힌 자동조종장치란 첫 번째 시나리오로 움직이는 생활태도를 말한다. 혼자 있을 때 내면을 탐구하는 기본망의 활성화가 아닌 본능에 따라 아무 생각 없이 영화나 TV를 보거나 쳇바퀴

돌 듯 매일 같은 일만 되풀이하는 반복되는 삶을 뜻한다.

작가는 존재하지 않는 세계를 어딘가에 존재하는 것처럼 이야기하는 사람이다. 기존에 없었던 이론이나 사실을 발견하여 제시하는 사람이다. 존재하지 않는 세계나 기존에 없었던 이야기를 창조하려면 도전과 모험을 두려워하거나 싫어해서는 안 된다. 끊임없이 탐구하고 발견하려는 자세는 작가의 기본 덕목이다. 단편 소설의 대가 존 치버는 고향에서 온 편지를 읽으며 어느 영국 여자가 자식에게 셋 셀 때까지 이렇게 하지 않으면 혼날 줄 알라며 떠드는 소리와 나뭇잎이 떨어지는 모습, 그리고 아내가 로마로 떠났다는 사실을 합쳐 하나의 소설을 쓴다고 말했다. 작가는 주변에서 일어나는 사소한 일 하나에도 주의를 기울여야 한다. 작가가 본 일상의 조각은 새로운 세계로 통하는 문이다. 돈 드릴로는 책을 쓰려고 뉴올리언스, 댈러스, 마이애미, 각각의 거리와 병원, 학교와 도서관을 탐색했다. 책과 오래된 잡지 그리고 사진을 들춰보았다. 이렇게 해서 그는 〈리브라〉를 썼다. 그의 나이 52세였다.

작가는 비판도 받아들일 줄 알아야 한다. 글은 작가 혼자 쓰지만, 글이 종이에 인쇄되어 세상에 나오려면 많은 사람의 손을 거쳐야 한다. 작가는 외로운 직업이라고 생각할지 모르지만, 그렇지 않다. 편집자의 도움 없이는 내 글이 세상에 나오지 않는다. 스티븐 킹은 자기를 지금의 자리에 오르게 해준 일등 공신 가운데 한 명으로 이름 모를 편집자를 지목했다. 십 대 시절 스티븐 킹의 원고를 거절했던 한 잡지사의 편집자는 그에게 평생 잊지 못할 조언을 해 주었다. 그는 돌려보낸 원고에 메모지 한 장을 남겼다. '수정본 = 초고 − 10%, 행운을 빕니다' 스티븐 킹은 이 메모를 벽에 붙여놓았다. 이후로 그는 원고를 수정할 때 덧붙이는 버릇을 버리고 빼기 시작했다. 그러자 놀라운 일이 벌어졌다. 살만 루슈디 역시 편집자의 도움을 받았다. 그에게 부커상을 안겨준 〈한밤의 아이들〉을 쓸 때 일이었다. 편집자는 루슈디의 초고에서 두 곳을 바로잡아 주기를 원했다. 시간의 흐름이 혼란스러운 부분과 불필요한 등장인물에 관한 부분이었다. 루슈디는 이를 즉각 받아들였고 무려 50쪽에 해당하는 부분을 고쳤으며, 이틀에 걸쳐 쓸데없는 등장인물을 빼고 다시 썼다. 그는 편집자가 자기를 구해줬다며 고마워했다.

신체와 달리 뇌는 노화를 극복할 수 있다. 하지만 저절로 그렇게 되는 것은 아니다. 어떤 생활 태도로 살아가느냐에 따라 노화는 빨리 찾아올 수도 있고 늦게 찾아올 수도 있다. 젊음도 마찬가지다. 인생의 기쁨을 일찍 만끽하고 싶다면 그에 어울리는 생활태도를 갖춰야 한다. 반복된 생활, 도전정신의 부재, 신세 한탄, 적응력 부족, 비협조적인 자세는 나이와 상관없이 뇌를 망친다. 창조적 사고의 문을 열고 싶다면 생활태도부터 고쳐야 한다. 작가라면, 글 쓰는 사람이라면 더 그렇다.

예열 창조의 불꽃을 피우려면 숨 고르기를 해야 한다

그녀는 어느 도시를 가든지 호텔방을 잡는다. 몇 달을 지내면서 침대보조차 건드리지 못하게 한다. 오전 6시에 일어나 늦어도 6시 30분에는 글쓰기 작업에 들어간다. 작업에 들어가면 제일 먼저 하는 일이 있다. 성경의 〈시편〉을 읽거나 좋아하는 작가의 작품을 감상한다. 언어가 주는 경이로움을 만끽한 후 펜을 들고 글을 쓰기 시작한다. 마야 안젤루는 몇 안 되는 흑인 여성 작가다. 영화에도 출연했던 마야 안젤루는 이처럼 충분한 예열을 마친 후에야 글쓰기 작업에 들어간다. 전미도서상과 퓰리처상을 받은 손턴 와일더는 글쓰기 전에 긴 산책을 한다. 이 과정이 도약대가 되어 준다고 말한다. 역시 퓰리처상을 받은 테네시 윌리엄스는 동트기 전에 일어나 부엌에서 커피 한 잔을 마시며 긴 시간 작업할 내용을 곰곰이 생각한다.

레지옹 도뇌르 훈장을 받은 쿠바 출신 작가 이탈로 갈비노는 착상을 얻을 때까지 오랜 시간이 걸린다고 하면서 중국 화가 이야기를 들려준다. 황제는 화가에게 게를 그려 오라고 명한다. 화가는 10년의 세월과 큰 집, 그리고 하인 스무 명이 필요하다고 아뢴다. 황제는 요구를 들어준다. 10년이 지나자 황제는 화가에게 이제 게를 그려 가져오라고 명령한다. 화가는 2년이 더 필요하다고 아뢴다. 황제는 또다시 요구를 들어준다. 2년 후 화가는 단 한 번에 게를 그려 황제에게 바쳤다. 전미도서상을 받은 시인 아치 랜돌프 애먼스는 글을 쓰려고 일부러 자리에 앉지 않는다고 한다. 그는 급하지 않은데 화장실에 가는 것과 마찬가지라고 하면서 머릿속에 어떤 내용이 떠다니지 않는 이상 급하게 글을 쓰지 않는다고 말한다.

글을 써야 한다는 의무감과 강박감에 사로잡혀서는 안 된다. 억지로 글을 쥐어짜서 쓰려고 하면 좋은 글은 써지지 않는다. 좋은 생각이 아니다. 창조의 불꽃이 타오르기를 바란다면 준비 운동을 해야 한다. 나 역시 마야 안젤루의 방식을 좋아한다. 아무 준비 없이 노트북에 떠 있는 흰 종이를 노려보기보다는 자연스럽게 자판에 손이 올라가길 기다린다. 자기가 좋아하는 작가나 도움이 될 만한 작품을 읽다 보면 저절로 그렇게 된다. 글쓰기가 싫을 때 이 방법은 정말 쓸 만하다. 그 이유는 점화 효과 때문이다. 지금 읽고 있는 책을 쓴 작가의 뇌안에서 일어난 점화는 글을 읽는 사람에게 고스란히 전해진다. 글 쓸 때 가장 중요한 일은 뇌 안에 불을 붙이는 일이다. 불만 붙으면 그날 써야 할 목표를 채우는 일은 어렵지 않다.

창조는 모방에서 시작된다. 무에서 유를 창조하는 일은 좀처럼 일어나지 않는다. 또한, 유에서 유를 창조하는 일도 하루아침에 일어나지 않으며 충분한 시간을 요구한다. 인류 문명의 역사를 되돌아보면 이 과정이 어떻게 인류 발전을 이끌어왔는지 알 수 있다. 진화생물학자 스티븐 제이 굴드는 인류 문명의 발전은 완만한 곡선이 아니라 단속적으로 발생했다고 주장했다. 여기서 말하는 '단속적'이라는 말은 정체기와 폭발적인 발전기 그리고 다시 정체기를 반복해 왔다는 뜻이다. 이를테면 인류 문명은 오랜 기간 뜸 들이는 과정과 폭발적인 발전을 오가며 성장해왔다는 것이다.

기원전 3500년경 발생한 이집트 문명은 실제로 그들은 그렇게 부르지 않았지만, 파라오라 불리는 왕들이 통치한 통일왕조의 탄생과 문자의 발명 그리고 피라미드를 건국한 기원전 2700~2500년 사이에 폭발적인 발전을 이뤘다. 이후 이집트의 역사는 이 시대에 만들어진 창조의 불꽃을 가져다 쓰는 데만 열을 올렸다. 이집트 문명과 같은 시기 동방에는 메소포타미아 문명이 꽃을 피웠다. 수메르인이 주도한 메소포타미아 문명 역시 기원전 2800~2300년경 최고의 전성기를 누렸다. 문자의 발명과 무역 경제의 활성화 그리고 함무라비 법전까지 모두 이 무렵 만들어졌다. 그리고 한동안 정체기가 이어지다가 기원전 6세기 페르시아의 등장으로 다시 한 번 부흥기를 맞았다.

서양 문명의 시작을 알린 그리스 문명은 크레타섬에서 시작되었다. 크레타섬의 미노아 문명과 바다 건너 스파르타를 포함한 땅에 새롭게 등장한 미케네 문명까지 그리스는 찬란한 창조의 불꽃을 만들어냈다. 기원전 1100년 원시부족인 도리아인의 침입으로 멸망하기까지 미케네 문명의 불꽃은 활활 타올랐다.

기원전 2000년경 미노아인들은 바다로 진출했고 숙련된 장인이 만든 포도주, 올리브유, 도자기, 도검류 등을 팔았다. 그리고 식량과 금속제품을 수입했다. 활발한 해상교역 덕분에 부유했던 크레타의 미노아 문명은 250개의 방과 수영장 그리고 수천 점의 조각과 항아리로 가득한 화려한 궁전을 가지고 있었다. 또한, 훌륭한 도로를 건설했으며 심지어 지금의 상수도 같은 편의시설까지 만들어 사용했다. 무엇보다 미노아인의 천재성을 드러낸 분야는 예술이었다. 고대 세계에서 그들의 예술에 필적할 만한 문명은 없었다. 미노아인은 자연의 아름다움을 추구하는 자연주의 색채를 가득 담은 많은 회화작품과 조각품을 생산해 냈다. 이러한 발전은 모두 기원전 2000년에서 1500년 사이에 일어났다. 기원전 1600년경 미노아 문명의 영향을 받은 미케네 문명이 그리스 본토에서 발전하기 시작했다. 이들은 백 년 만에 새로운 지배자로 떠올랐고 미노아 문명의 뒤를 이어 창조의 불꽃을 일으켰다. 하지만 찬란했던 미케네 문명은 기원전 1100년 갑작스럽게 문을 닫았다.

미케네 문명의 몰락 이후 기원전 800년까지의 정체기는 그야말로 암흑시대였다. 이 당시 남아 있는 기록물은 거의 없다. 미케네 문명이 이룩한 불꽃은 꺼지고 문화는 오히려 더 후퇴했다. 하지만 이러한 암흑시대에도 창조의 싹은 움트고 있었다. 셰익스피어를 내려다 볼 수 있었던 유일한 사람 호메로스가 바로 이 시대에 등장했다. 그는 장대한 서사시 〈일리아드〉와 〈오디세이아〉를 통해 그리스 암흑시대를 노래했다. 이윽고 기원전 800년경 그리스는 새로운 시대를 맞이했다.

아테네, 스파르타, 테베를 비롯한 도시국가의 등장은 그리스가 새로운 국면으로 접어들었음을 예고했다. 이후 그리스는 다시 한 번 폭발적인 발전기로 접어든다. 작가가 독자에게 점화를 전파하듯이 그리스가 일으킨 점화는 로마로 건너갔다. 로마 시대의 찬란한 시기를 거쳐 중세 암흑시대가 뒤따랐고 르네상스와 산업혁명이 뒤를 이었다. 역사는 이처럼 점화와 전파 그리고 침체 다시 점화 순으로 이어진다.

창조의 불꽃은 시간을 요구한다. 뇌 속 점화를 일으키려면 뜸 들이는 과정이 필요하다. 글을 쓰려고 덤비지 말고 예열 시간을 가져야 한다. 역사가 암흑시대를 거치듯이 작가 역시 창조의 불꽃을 피우려면 숨 고르기를 해야 한다. 산책도 좋고 독서도 좋다. 자기가 원하는 방식이 무엇이든 점화를 일으키는 가장 좋은 방법을 찾아야 한다. 일단 점화가 일어나면 전파는 순식간이다.

글이 쓰고 싶어져 미칠 듯한 순간이 찾아온다. 이때를 놓쳐서는 안 된다. 점화의 불꽃이 꺼지기 전에 모든 일을 마무리해야 한다. 이때 얼마나 집중하느냐에 따라 글의 질이 달라진다. 불꽃이 꺼지면 다시 피워야 하는 힘겨운 과정을 거쳐야 한다. 불꽃이 살아 있을 때 모든 것을 태워야 한다. 불꽃을 피우기가 얼마나 힘든지 잘 알았던 헤밍웨이는 여기서 한 걸음 더 나아갔다. 그는 불꽃을 아예 꺼트리지 말아야 한다고 주장했다. 헤밍웨이는 불꽃이 꺼지기 직전 글쓰기를 멈췄다. 그는 불씨가 조금이라도 남아 있어야 다시 살리기도 쉽다는 사실을 잘 알았다.

아치 랜돌프 애먼스의 말처럼 억지로 화장실에 가서는 안 된다. 머릿속에 어떤 내용이 떠다니지 않는 이상 서둘러서 글을 쓰려고 하지 말아야 한다. 글이 써지고 싶은 상태에 이르렀을 때 좋은 글이 나온다. 억지로 뇌에 점화를 일으키려고 하면 뇌는 점화를 일으키려고 하기보다 스트레스로 반응한다. 스트레스라고 생각하는 순간 뇌는 자기보호에 들어간다. 시야는 좁아지고 사고의 폭도 줄어든다. 편도체가 활성화하면서 감정 게이지는 최대치로 올라간다. 글 쓰는 사람이 가장 피해야 할 상황이 펼쳐진다. 창조는 사라지고 본능만이 남는다. 아무 생각 없이 억지로 책상에 앉아 멍하니 하얀 종이만 바라볼 바에는 차라리 일을 접고 가까운 곳으로 여행을 가거나 가벼운 산책을 하는 것이 좋다. 어떤 글이든 창작의 불씨를 살려놓은 다음 시작하기 바란다.

조건 지식과 경험을 쌓고 집중하라, 그리고 인내심을 길러라

임상신경학교수 엘코논 골드버그는 〈창의성〉에서 의식에 관한 자기 생각을 밝혔다. 창의적 과정이 어떻게 일어나는지 알려면 의식이 어떻게 작동하는지 알아야 한다. 의식은 아직도 풀기 힘든 숙제로 남아 있다. 엘코논 골드버그 교수는 그 이유를 17세기까지 끌고 올라간다. 위대한 철학자 르네 데카르트는 뇌와 영혼을 분리했다. 뇌는 물질이므로 어떤 힘에 이끌려야만 움직이는 기계와 같다고 생각했다. 데카르트는 이 힘을 영혼이라고 생각했다. 다시 말해, 데카르트는 영혼은 물질이 지배하는 영역이 아니라 오히려 물질을 지배하는 영역이라고 풀이했다. 데카르트의 말대로라면 뇌는 영혼이 지배하는 기계일 뿐이다. 데카르트 이론의 무서운 점은 뇌 손상으로 일어나는 모든 질병이나 행동의 문제가 뇌의 조종자인 영혼에 그 책임이 있다고 생각하게 한다는 것이다. 실체 없는 영혼에 붙들리면 뇌의 중요성은 사라진다. 그 자리는 미신이나 샤머니즘 또는 종교가 차지한다. 이렇게 해서 의식 연구는 미로에 갇혀버렸다.

엘코논 골드버그 교수는 데카르트의 이원론에 지나치게 집착하는 바람에 의식 연구가 과대 포장됐다고 주장했다. 나 역시 엘코논 골드버그 교수의 주장에 동의한다. 의식은 뇌의 뉴런 연결 그 이상도 이하도 아니다. 우리가 모르는 '신의 손'이 어딘가에 있다고 믿지 않는 한 말이다. 우리가 주목해야 할 것은 실체 없는 유령이 아니라 눈에

보이는 물질이다. 엘코논 골드버그 교수는 이원론에 얽매이지 말고 뇌를 들여다볼 것을 요구한다. 의식 연구의 가장 중요한 요소는 신경 망(뉴런 연결)의 규모와 뉴런 연결이 활성화하는 시간, 그리고 활성화의 강도라고 주장한다. 이것이야말로 의식 연구의 진정한 출발점이다. 인류는 지금까지 실체 없는 유령에 집착하면서 많은 시간을 허비했다. 창조적 사고는 흐릿한 안개 속에서 모습을 드러내지 않은 채 존재하는 미지의 무엇이 아닌 뇌에서 일어나는 작용이다.

엘코논 골드버그 교수가 주장한 세 가지 중요한 연구 목표는 창조적 사고가 무엇인지 알려주는 중요한 단서다. 뇌과학 분야의 세계적 권위자이자 MIT 교수인 승현준은 〈커넥톰 뇌의 지도〉에서 개인의 독특함에 관해 이야기한다. 사람은 각각 독특한 개성을 지니고 있다. 이 개성을 결정하는 것은 무엇일까? 그는 부모에게서 물려받은 유전자와 살면서 겪는 경험이라고 주장한다. 경험은 뇌를 변화시킨다. 뇌의 뉴런 연결을 바꾼다. 이 변화는 어떻게 일어나는가? 승현준 교수는 변화를 일으키는 뇌 신경작용을 4가지로 설명한다. 그것은 바로 재가중, 재연결, 재배선, 재생성이다. 요약하면 이렇다. 뉴런들은 연결의 세기를 강화하거나 약화하고, 연결을 새로 만들거나 제거한다. 개별 뉴런의 축삭 가지가 자라나거나 줄어든다. 마지막으로 뉴런 자체가 완전히 사라지거나 새롭게 생겨난다. 뇌의 변화는 뉴런 연결 또는 뉴런 자체의 성장과 소멸 그리고 강도에 의해 결정된다.

창조적 사고의 단서를 다시 한 번 요약해보자. 창조적 사고가 잘 일어나려면 뉴런 연결의 규모가 커야 한다. 규모가 커지려면 재연결, 재배선, 재생성이 활발하게 일어나야 한다. 다음으로는 강도가 세야 한다. 그러려면 재가중이 일어나야 한다. 마지막으로 뉴런 연결이 활성화하는 시간이 길어야 한다. 이 세 가지 조건을 충족하면 창조적 사고는 기지개를 켜고 자리에서 일어난다. 마침내 어두운 터널에 빛을 밝혀준다.

뉴런 연결의 규모를 확장하려면 어떻게 해야 할까? 어느 날 한 청년이 헤밍웨이가 사는 키웨스트로 찾아왔다. 약속도 없이 무작정 헤밍웨이를 찾아온 청년은 문전박대를 예상했지만, 헤밍웨이는 그를 따뜻하게 맞아주었다. 이후 1년간 그는 청년을 제자로 키우며 많은 조언을 해주었다. 청년의 이름은 아널드 새뮤얼슨이었고 헤밍웨이와 함께한 1년의 기록을 책으로 출간했다. 그에게 가장 기억에 남은 헤밍웨이의 조언은 무엇이었을까? 아널드 새뮤얼슨이 쓴 〈헤밍웨이의 작가 수업〉을 보면 헤밍웨이가 반복해서 하는 말이 있다. 그는 새뮤얼슨에게 절대 '쿠바'를 소재로 글을 쓰지 말라고 한다. 헤밍웨이와 새뮤얼슨은 오랫동안 필라 호를 타고 쿠바의 바다를 누볐다. 새뮤얼슨은 이 경험을 글로 쓰고 싶어 했고 몇 번이나 헤밍웨이에게 말했다. 하지만 그때마다 헤밍웨이는 쓰지 말라고 충고한다. 그에게 쿠바는 제2의 고향이나 마찬가지였지만, 새뮤얼슨의 쿠바 경험은 고작 몇 개월뿐이었다. 헤밍웨이는 실제 경험을 중요시했다. 그가 쓴 단편, 중편, 장편

소설은 그가 겪은 일로 채워져 있다. 프랑스, 쿠바, 스페인, 아프리카에서의 생활과 전쟁터 한가운데에서 지내야 했던 세월은 작품의 밑바탕이 되었다.

헤밍웨이는 경험이 글에 어떻게 녹아들어야 하는지 누구보다 잘 알았다. 헤밍웨이는 새뮤얼슨에게 이렇게 말했다. "자네가 쓴 이야기가 좋은지 나쁜지 알 수 없는 것은 그 나라를 제대로 알지 못하기 때문이야. 중요한 건 자네가 겉과 속을 샅샅이 아는 것에 관해 쓰는 거라네. 자기가 쓴 걸 다시 읽어보았을 때 그게 형편없는지 아닌지 분간할 수 있으니까." 지식과 경험은 뉴런 연결의 규모를 결정한다. 하지만 경험이 좋은 글로 이어지려면 숙성과정이 필요하다. 뉴런 연결의 규모도 중요하지만 질이 더 중요하다는 말이다. 세상에서 일어나는 모든 일을 직접 체험하기는 어렵다. 헤밍웨이처럼 기회가 주어지는 경우는 흔치 않다. 대신할 것을 찾아야 한다. 유일한 방법은 독서다. 책 읽기는 시간과 돈을 절약하면서 뇌의 뉴런 연결을 풍부하게 하는 최고의 방법이다. 한 권의 책을 읽더라도 깊이 읽어야 한다. 헤밍웨이가 말한 것처럼 속속들이 파헤쳐야 한다. 그렇지 않다면 읽은 것을 섣불리 글로 옮겨서는 안 된다.

뉴런 연결의 강도를 늘리려면 어떻게 해야 할까? 어떤 일을 할 때 대충하는 사람과 짧은 시간이라도 집중력을 발휘하는 사람의 성과는 하늘과 땅 차이다. 그 이유는 무엇일까? 뉴런 연결의 강도에 그

답이 있다. 집중력은 지금 하는 일 외에 다른 자극을 차단한다. 지금 내가 쓰는 뉴런 연결의 강도는 그만큼 강해진다. 한여름 햇볕이 아무리 따가워도 그 자체로 불을 피울 수 없다. 돋보기를 이용하면 순식간에 종이를 태울 수 있다. 돋보기는 빛을 하나로 모아 종이의 한 지점에 쏜다. 종이를 태우는 데 1분도 걸리지 않는다. 집중은 강도를 높여 원하는 결과를 빨리 얻도록 해준다. 많은 지식과 경험으로 무장했다면 다음 할 일은 집중해서 일에 몰두하는 것이다.

이제 남은 것은 얼마나 오래 불꽃을 피우느냐다. 훌륭한 경험과 뛰어난 집중력이 있다고 해도 30분 이상 쓰지 못하면 없는 것과 마찬가지다. 창조의 불꽃을 제대로 활용하려면 충분한 시간이 뒷받침 되어야한다. 바람 앞에 촛불은 아무리 많아도 쓸모가 없다. 애꿎은 성냥만 낭비할 뿐이다. 바람에도 끄떡없는 기름으로 불을 밝혀야 한다. 인내력을 키우려면 어떻게 해야 할까? 계획표를 짜서 실천하는 것도 좋은 방법이지만, 무엇보다 일을 즐겨야 한다. 글 쓰는 일이 즐거워야 한다. 글쓰기가 고통스럽다면 책상에 오래 앉아 있기 어렵다. 진정으로 글쓰기를 좋아할 자신이 있는지 냉정하게 판단해야 한다. 한순간의 격정인지 아닌지 파악하지 못하고 뛰어들면 오래 할 수 없다. 주변 여건이나 상황도 잘 살펴야 한다. 글을 써서 보상을 받으려면 오랜 시간이 걸린다. 이 점을 명심해야 한다. 이 모든 장애물을 뛰어넘을 준비가 되었을 때 글쓰기를 시작하라.

창조적 사고가 어떻게 일어나는지 또 창조적 사고를 활용하려면 어떻게 해야 하는지 제대로 알려면 뇌를 이해해야 한다. 창의성은 신이 내려주는 선물이 아니라 뇌가 하는 일이기 때문이다. 뇌는 뇌세포인 뉴런의 연결로 일을 수행한다. 뉴런 연결의 규모와 강도 그리고 지속 시간은 창조적 사고를 일으키고 활용하도록 하는 중요한 기반이다. 뇌의 특성을 이해했다면 할 일은 꾸물거리지 말고 실천하는 일이다. 지식과 경험을 쌓고 집중하라. 그리고 인내심을 길러라. 이 안에 모든 해답이 들어있다.

새로운 이야기를 만들어 내려면 먼저 버려야 한다

기억력이 좋은 사람은 창의적일까? 창조적 사고는 아는 지식이 많을수록 빛을 발한다. 당연한 일이다. 새로운 질문을 해보자. 모든 기억을 저장하는 일이 가능할까? 아니 모든 일을 저장할 필요가 있을까? 사람은 모든 일을 기억하지 못한다. 뉴런 연결의 차이로 기억하는 능력에 차이는 있을지 몰라도 모든 일을 완벽하게 기억하는 사람은 없다. 하지만 알렉산더 루리야가 만난 사람은 이러한 상식을 깼다.

러시아 신경심리학의 창시자 알렉산더 루리야가 만난 사람은 솔로몬 셰렙스키였다. 알렉산더 루리야는 언어, 기억, 실행기능의 신경계적 기초를 닦은 사람이다. 20세기 초 뇌와 인지 연구에서 그처럼 많은 성과를 거둔 사람도 드물었다. 솔로몬 셰렙스키는 기자 출신이었다. 그를 루리야에게 소개해준 사람은 솔로몬의 담당 편집국장이었다. 편집국장은 부하직원의 독특한 능력에 관심을 기울여왔다. 솔로몬은 한마디로 모든 것을 기억하는 남자였다. 알렉산더 루리야는 그의 기억능력보다 망각능력에 주목했다. '사람은 망각의 동물'이라는 진리를 그는 여지없이 깨버렸다. 솔로몬은 한 번 기억한 것은 절대 잊어버리지 않았다. 솔로몬은 기자생활을 접고 전문 기억술사로 직업을 바꿨다. 그는 모든 사건을 이미지로 기억했다. 예를 들어 A는 하얗고 긴 이미지였고 숫자 2는 회색의 납작한 직사각형이었다. 알렉산더 루리야는 15년간 그를 지켜보았다. 15년이 흐른 뒤에도 솔로몬의 15년 전 기억은 사라지지 않았다.

솔로몬처럼 모든 것을 기억할 수만 있다면 얼마나 좋을까? 창조는 새로운 것을 과거의 것과 결합하는 과정이다. 기억력이 좋다면 새로운 이야기를 만들어 내는 일은 한결 편해진다. 문학작품이 아닌 실용서나 자기계발서를 쓰려는 사람에게 기억력은 더 중요하다. 솔로몬처럼 기억력의 한계가 없다면 굳이 자료를 따로 만들어 보관할 필요도 없다. 언제든지 꺼내 쓸 수 있는 훌륭한 기억 창고가 있다는 것은 그야말로 신의 축복이다. 하지만 솔로몬의 능력이 과연 신의 축복일까?

솔로몬을 천재라고 부르는 사람은 없었다. 누구나 부러워할 만한 능력의 소유자였지만 그의 삶은 불행했다. 이미지로 모든 것을 기억했지만 오히려 이미지가 그의 삶을 방해했다. 추상적인 개념이나 변화무쌍한 사람의 얼굴을 이미지화하지 못했던 솔로몬은 문장을 이해하기 힘들어했으며 사람의 얼굴을 구분하는 데도 어려움을 겪었다. 그는 늘 머릿속에 떠오르는 수많은 이미지와 싸워야 했다. 기억의 파편에 짓눌려 그의 정신은 피폐해져 갔다. 솔로몬은 지우고 싶은 단어의 목록을 만들어 불태우곤 했다. 그만큼 기억은 그를 힘들게 했다. 솔로몬의 지워지지 않는 기억력은 축복이 아니라 재앙이었다. 그는 결국 정신병원에서 생을 마감했다.

망각은 환영할 만한 능력은 아니지만, 뇌가 건강하게 작동하려면 없어서는 안 되는 중요한 능력이다. 채우려면 버려야 한다는 단순한 진실은 뇌에도 성립한다. 잘 버려야 잘 기억할 수 있다. 기억력을 좌우하는 뉴런 연결(신경망)의 수는 처음 세상에 태어났을 때 가장 많다. 이때는 무엇이든 받아들이고 기억한다. 아기 때 호기심이 많은 이유는 기억 창고를 빨리 채우려는 본능 때문이다. 어떤 기억을 채울지 모르므로 뇌는 뉴런 연결을 넉넉하게 준비한다. 한국어든 영어든 이탈리아어든 배울 준비가 되어 있다. 시간이 흐르고 환경에 맞는 기억이 모두 채워지면 뉴런 연결은 줄어든다. 성인이 되면 유아기에 존재했던 뉴런 연결의 60%가 사라진다. 조기교육을 찬성하는 것은 아니지만, 어리면 어릴수록 외국어를 배우는 일이 수월한 것은 사실이다.

목적을 달성한 뉴런들이 연결을 끊는 이유는 무엇일까? 루마니아 출신의 뇌과학자 한나 모니어는 '역량의 집중화'로 이를 설명한다. 선택한 언어(모국어)를 더 완벽하게 하려고 인간은 다른 언어(외국어)를 포기한다는 것이다. 쉽게 말해 기억을 공고히 하려면 불필요한 뉴런 연결은 버리고 필요한 곳에 집중해야 한다는 말이다. 솔로몬은 이처럼 하나에 집중하는 능력을 잃었다. 말년에는 5년 전 기억과 5분 전 기억을 혼동하기도 했다.

새로운 이야기를 만들어 내려면 버리는 일이 중요하다. 한 작품을 끝낸 작가라면 한동안 글에서 멀리 떨어져 있어야 한다. 이전에 썼던 이야기를 끊어내지 못하면 새로운 이야기에 집중하기 어렵다. 창조는 과거의 무언가를 지우는 일이다. 하얀 백지 위에 새로운 이야기를 펼치려면 파괴하는 일부터 해야 한다. 과거의 기억이 떠나지 않은 상태에서 다시 책상에 앉으면 더 좋은 작품을 창조해내기 어렵다. 앤서니 트롤로프는 우체국 직원으로 일하면서 아침마다 글을 썼다. 그는 이 규칙을 엄격하게 지켰다. 작품 하나를 완성했는데도 시간이 남으면 다 쓴 원고를 한쪽으로 치워놓고 곧바로 새로운 이야기를 쓰기 시작했다. 트롤로프는 오랫동안 문학성을 제대로 평가받지 못했다. 트롤로프의 엄격한 정신을 조금만 더 여유로운 삶과 결합했다면 그는 분명 더 큰 사랑을 받았을 것이다.

승현준은 〈커넥톰 뇌의 지도〉에서 뉴런 연결의 소멸을 글쓰기와 연결 지어 설명했다. 그는 초고를 쓰고 나면 얼마 후 수정작업을 거치는 데 이때 대부분 원고의 양이 줄어든다고 말한다. 그러면서 "최종 완성본은 추가할 것이 없을 때가 아니라, 버릴 것이 없을 때 성취된다."라는 격언을 인용한다. 멋진 말이다. 그는 초기의 뉴런 연결을 거친 초고에 비유했다. 그리고 거친 초고를 다듬는 일을 뉴런 연결의 가지치기와 같다고 말했다. 결국, 뉴런 연결의 소멸은 더 훌륭한 완성을 위한 밑거름인 셈이다. 그는 한 걸음 더 나아가 이론경제학자인 조지프 슘페터의 '창조적 파괴'를 끌어들인다. 슘페터는 새로운 사업가의 출현이 '창조'라면 비효율적인 회사의 파산은 '파괴'라고 정의했다. 그는 창조와 파괴의 복잡한 상호작용은 진화의 필수적인 요소라고 강조했다.

솔로몬 셰렙스키는 무엇이든 기억할 수는 있었지만 파괴하지 못했다. 결국 그는 진화에 실패하고 말았다. 자랄수록 외국어를 배우기 어려워야 정상이다. 모든 외국어를 배우는 일이 가능하다면 어떤 외국어도 제대로 구사하지 못하는 불행과 마주해야 할지도 모른다. 뇌는 불행한 사태를 막으려는 쪽으로 진화했다. 많은 뉴런 연결을 끊어버림으로써 하나의 언어를 집중해서 익히도록 하는 메커니즘을 완성했다.

망각은 글 쓰는 데 꼭 필요한 능력이다. 우리는 하루하루 쓸데없는 기억으로 에너지를 소모한다. 삶은 나를 행복하게 하는 일과 불행하게 하는 일로 이루어져 있다. 어떤 기억을 챙기고 어떤 기억을 버릴지 잘 생각해야 한다. 자동차가 다가오는데 여자 친구와 싸웠던 기억만 계속 떠올리고 있으면 불행한 일을 피하기 어렵다. 잊어야 할 것은 빨리 잊어야 한다. 작가는 에너지를 글 쓰는 데 모아야 한다. 그러려면 망각을 슬기롭게 이용해야 한다. 현재 중요한 것이 무엇인지 냉정하게 생각하고 지금 하는 일과 관계없는 기억을 하나씩 지워 나가야 한다. 스티브 잡스는 '무시'하는 것으로 쓸데없는 기억을 지웠다. 그는 마주 하고 싶지 않은 것들은 단호하게 무시했다. 기억하지 않음으로써 혁신적이고 창의적인 제품을 계속 세상에 내놓았다. 자기가 내놓은 아이디어라도 쓸모없어지면 과감하게 버릴 줄 알았다. 애플의 진화는 저절로 얻은 것이 아니다.

멋진 아이디어를 글로 연결하려면 먼저 나를 괴롭히는 불필요한 기억과 싸워야 한다. 머릿속에 가득한 고정관념을 깨지 못하면 새로운 창조는 일어나지 않는다. 자신이 어떤 고정관념에 사로잡혀 있는지 돌아봐야 한다. 어떤 사상에 지나치게 물들어 있거나, 이전에 썼던 이야기가 계속해서 떠오르거나, 남이 하는 말은 모두 틀리고 내 말은 모두 맞다고 생각하거나, 남자와 여자의 할 일이 따로 정해져 있다고 믿거나, 물은 위에서 아래로만 흘러야 한다는 등의 쓸데없는 고정관념에 사로잡혀 있다면 모두 지워버려야 한다. 창조는 파괴해서 시작한다. 지금 당장 무엇을 파괴할지 고민하고 행동에 옮기기 바란다.

멈춤 모든 것을 다 써버리지 말고 남겨두라

그만둬야 할 때 그만둘 줄 아는 사람은 아름답다. 스티븐 킹은 술에 관한 일화를 〈유혹하는 글쓰기〉에 자세히 적었다. 고등학교 3학년 수학여행 때 그는 처음 술을 마셨다고 한다. 몇몇 남학생과 함께 일을 꾸민 스티븐 킹은 위스키 한 병을 사서 마셨고 세상이 빙글빙글 도는 희한한 경험과 함께 구토를 했다. 그는 두 번 다시 술을 먹지 않겠다고 다짐했다. 하지만 그 다짐은 다음 날 바로 깨졌다. 일정을 마칠 때쯤 그는 이미 제정신이 아니었다. 시간이 흘러 그는 〈샤이닝〉이라는 제목의 걸출한 작품을 썼다. 〈샤이닝〉에 나오는 주인공의 직업은 작가였다. 그냥 작가가 아니라 알코올 중독자였다. 아이러니하게도 〈샤이닝〉의 주인공은 바로 스티븐 킹 자신이었다. 그는 술에 취한 상태로 글을 쓰곤 했다. 〈쿠조〉는 맥주 한 상자와 맞바꾼 작품이다. 그는 〈쿠조〉를 어떻게 썼는지 제대로 기억하지 못했다. 이때만 해도 그는 자신이 알코올 중독자라는 사실을 인정하지 않았다.

스티븐 킹의 삶을 어둡게 한 건 술뿐만이 아니었다. 그는 마약에도 손을 댔다. 코카인 때문에 코피가 흐르는 상태에서 글을 쓰기도 했다. 그의 폭주를 멈춘 건 아내였다. 아내는 그가 보는 앞에서 쓰레기통을 쏟아부었다. 주삿바늘, 피 묻은 솜뭉치와 담배꽁초 그리고 맥주병이 카펫 위로 쏟아졌다. 스티븐 킹의 아내는 집을 나가든지, 치료를 받든지 선택하라고 말했다. 스티븐 킹은 자식이 커가는 모습을 보고 싶었다. 그는 어렵게 중독의 구렁텅이에서 벗어났다.

도파민처럼 고마운 화학물질도 없다. 하지만 아무리 좋아도 지나치면 화를 부른다. 도파민은 삶의 의미를 일깨워주는 고마운 화학물질이지만 제대로 조절하지 못하면 우리를 끔찍한 길로 인도한다. 도파민은 동기 센터라 부르는 뇌의 한 영역에서 분비한다. 기대와 흥분은 도파민이 만들어내는 요술이다. 문제는 도파민 분비가 지나치면 절대 끊을 수 없는 악순환에 빠진다는 점이다. 스티븐 킹이 보여준 중독은 도파민의 과다 분비 때문에 일어난 불행한 경험이다.

보상이라는 선물 말고 도파민을 적절하게 활용하려면 어떻게 해야 할까? 그 단서는 헤밍웨이의 말에서 찾을 수 있다. 그는 "작가들의 수만큼 우물이 있습니다. 중요한 것은 우물에 좋은 물이 있어야 한다는 것입니다. 그리고 우물이 마를 때까지 퍼낸 다음 다시 차기를 기다리는 것보다 일정한 양만 푸는 것이 더 낫습니다."라고 했다. 1934년 그는 한 작가 지망생에게 이렇게 조언했다. 먼저 그가 작가 지망생에게 물었다.

"소설을 써 본 적이 있나?"

"있습니다. 매일 일고여덟 시간씩 머릿속이 진공이 될 때까지 쓰고는 녹초가 돼 침대에 쓰러졌습니다."

"글쓰기에서 내가 배운 가장 중요한 교훈은 절대로 한 번에 너무 많이 쓰지 말라는 걸세. 절대 샘이 마를 때까지 자기를 펌프질 해서

는 안 돼. 내일을 위해 조금은 남겨둬야 하네. 멈춰야 하는 시점을 아
는 게 핵심이야."

　헤밍웨이의 말은 한마디로 가장 잘 써질 때 멈춰야 한다는 것이
다. 내일 쓸거리가 남아 있어야 계속 앞으로 나아갈 수 있다는 말이
다. 글쓰기는 끝없는 자기와의 싸움이다. 우물이 마르면 싸울 힘도
사라진다. 하지만 우물에 아직 물이 남아있고 덕분에 시작이 순조
롭다면 그 시작이 점화 효과로 작용해 글은 술술 써진다. 우물에 남
아 있는 물, 시작을 순조롭게 하도록 도와주는 뇌 안의 물질이 바로
도파민이다.

　도파민은 무언가를 기대할 때 그리고 기대가 충족되었을 때 분비
된다. 도파민의 분비는 집중력을 높이고 점화 효과의 질을 높인다.
내일 쓸 글이 남아 있다면, 그 글이 쓰고 싶어 미칠 지경의 내용이라
면 작가로서 그것보다 좋은 상황은 없다. 내일 쓸 글을 기대하면서
하루를 보내는 것은 짜릿하고 기쁜 일이다. 도파민의 분비가 최고조
에 이르렀을 때 쓰는 글은 평소보다 몇 배 더 잘 써진다. 이런 경험을
해 본 사람이라면 잘 알 것이고, 그렇지 않은 사람이라면 경험해 보
기 바란다.

　아무리 짧은 글이라 해도 글쓰기는 길고 긴 싸움이다. 운이 좋다
면 하루에 몇 장이라도 쓸 수 있겠지만, 불행하게도 그런 날은 극히

드물다. 어떤 날은 온종일 A4 용지 한 장을 채우기도 힘들다. 영감만으로 글을 쓰는 사람은 많지 않다. 영감이 찾아오기를 기다려서는 안 된다. 영감도 내가 만들어가는 것이다. 글을 쓰고 싶은 마음이 충만할 때 영감도 찾아온다. 스티븐 킹의 말처럼 영감은 글을 쓰는 지하 1층 작업실보다 더 아래서 산다. 영감은 하늘에서 내려오는 것이 아니라 자기가 파내는 것이다. 글을 쓸 때마다 영감이 찾아오기를, 우물이 차 있기를 바라는 것은 지나친 욕심이며 불가능한 일이다. 영감을 인위적으로 만들려면 제때 멈출 줄 알아야 한다. 이때 영감은 땅 밑에서 고개를 빼꼼히 쳐든다. 이튿날이면 책상에 앉아 내게 말을 건다.

글이 써지지 않는 날은 글을 쓰지 않는 편이 낫다. 이런 날은 차라리 자료 조사를 하거나 지금 쓰는 글과 관련한 책을 읽는 것이 좋다. 그러다 보면 다시 의욕이 샘솟고 때로는 답답했거나 막힌 부분이 뚫리기도 한다. 이럴 때 바로 책상에 앉는 것보다 간단히 메모를 해두거나 생각을 좀 더 진전시켜 나가는 것이 좋다. 내일을 위해 준비 작업을 해두는 것이다. 사라지고 메말랐던 영감과 우물이 다시 찾아오거나 가득 차면 내일은 아주 훌륭한 하루가 될 것이라는 기대감이 몰려온다. 이 기분을 깨지 말고 내일이 올 때까지 차분하게 기다리며 휴식을 취하라. 이때야말로 도파민이 준 선물을 만끽할 시간이다. 이 순간은 무슨 일을 하든 내가 의식하지 않아도 좋은 글감이 막 떠오른다. 어쩌면 억지로라도 흥분을 가라앉혀야 할지도 모른다. 너무 흥분하면 오히려 좋지 않다. 적당한 선에서 멈춰야 한다. 영화감상을 하거나 가벼운 단편 소설 한 편을 읽는 것도 좋다. 내일이 빨리 오기를 기대하면서.

미국의 대표적인 시인이며 많은 작가와 교류하면서 때로는 헤밍웨이와 T.S 엘리엇을 비롯한 많은 작가의 스승을 자처했던 에즈라 파운드는 자기 나름대로 우물이 마를 때를 대비해서 하는 일이 있다고 밝혔다. 그는 모호한 부분을 명확하게 밝혀내려고 관념을 쪼개고 분석하면서 하루를 보낸다고 한다. 헤밍웨이, 윌리엄 포크너와 함께 미국의 잃어버린 세대를 대표하는 존 스타인벡 역시 벽에 부딪힐 때면 이렇게 해보라고 조언했다. 그는 어떤 사람을 정해 글을 써보라고 권했다. 한 사람을 정해 편지 쓰듯 써보라는 것이다. 두려움이 사라지고 해방감이 느껴지면서 자유로워진다고 말했다.

재닛 맬컴은 집을 나와 걷는다. 제인 스마일리는 음식을 먹거나 악기를 연주한다. 그러다 보면 멋진 아이디어가 떠오른다는 것이다. 헤밍웨이는 몇 주 동안 써지지 않을 때가 있다고 하면서 이는 작가에게 자연스러운 일이라고 했다. 이때 자기가 본 것을 빠짐없이 써보라고 조언한다. 사람들이 흔히 하는 말이 아니라 정확히 무슨 말을 하는지, 어떻게 말하는지, 목소리의 높낮이나 표정 이목구비까지 말이다. 이 모든 것들이 종이 위에서 꿈틀거려 독자들이 그것을 생생하게 볼 수 있도록 연습하고 또 연습하라고 강조한다. 때로는 정말 운이 좋아 벽에 부딪히는 일이 없는 작가도 있다. 그들은 틀림없이 멈춰야 할 때를 잘 알고 있는 작가일 것이다.

미련하게 가만히 앉아 영감을 기다리지만 않는다면 어떤 방법이든 좋다. 말라버린 우물을 다시 채울 수만 있다면 똥을 누든, 대나무를 씹든 상관없다. 중요한 것은 좋은 아이디어가 떠올랐다면 홀라당 그 자리에서 모두 써버리지 말고 내일을 위해 남겨두라는 것이다. 기대감으로 나머지 시간을 즐겁게 보내라. 그리고 내일이 오면 똑같이 해야 한다. 모든 것을 다 써버리지 말고 남겨두라. 모레도, 글피도 마찬가지다. 이렇게 해서 마지막에 도달한 글이 얼마나 훌륭한지 억지로 쥐어짜면서 겨우겨우 목적지에 도달한 글과 비교해 보라. 글을 마칠 때까지 영감이 붙어있기를 바란다면 멈춰야 할 때 멈출 줄 알아야 한다.

조화 독창적인 글은 작은 영감과 많은 땀으로 이루어진다

거룩한 영감이 아무 때나 누구에게나 찾아오면 좋겠지만 그런 일은 일어나지 않는다. 뇌는 복잡하고 설명하기 어려운 기관이다. 창조적 사고는 뇌의 특정 부위에서 일어나는 일이 아니다. 물론 창의성에 많이 관여하는 부분과 그렇지 않은 부분이 있는 것은 사실이다. 하지만 덜 관여하는 부분이라 해도 없어서는 안 된다. 뇌는 독창회가 아니라 합창단에 가깝다. 모든 기관이 조화롭게 어울리지 못하면 능력을 제대로 발휘하지 못한다.

창의 과정에서 첫 번째 시나리오와 두 번째 시나리오의 조화는 반드시 필요하다. 그 이유를 임상신경학교수 엘코논 골드버그는 수학자 에밀 보렐의 말을 인용해 멋지게 설명했다. "원숭이 한 마리가 타자기 앞에서 무작위로 글을 친다. 원숭이는 이르든 늦든 언젠가는 윌리엄 셰익스피어의 작품을 뛰어넘는 결과를 내놓을 것이다. 문제는 원숭이의 삶은 유한하므로 멋진 소네트 한 편을 내놓기 전에 원숭이는 천국으로 가게 될 것이다." 에밀 보렐이 하고자 하는 말은 무엇이었을까? 두 가지로 나누어볼 수 있다. 하나는 영감이 찾아오기만 하면 원숭이처럼 특별한 재능이 없어도 셰익스피어에 버금가는 작품을 남길 수 있다는 것이고, 다른 하나는 다만 영감이 언제 찾아올지 아무도 알 수 없다는 것이다. 첫 번째 시나리오는 두 번째 시나리오의 바탕 위에서 작동해야 한다. 글 한 편 쓰는 데 일생에 한 번 찾아올까

말까 한 어마어마한 영감이 필요한 것은 아니다. 점화를 일으킬 만한 자그마한 불씨 정도면 충분하다. 하지만 이 자그마한 불씨조차도 아무때나 찾아오지 않는다. 열정과 노력이 뒷받침되어야 한다.

　첫 번째 시나리오와 두 번째 시나리오가 동시에 찾아오기도 한다. 물론 아무한테나 일어나지 않는다. 꾸준히 글을 써온 사람에게 일어난다. 영감과 열정(노력) 사이를 오가는 일은 고층 빌딩에서 외줄타기를 하는 것처럼 흥미진진한 일이다. 헤밍웨이는 자전적 에세이 〈파리는 날마다 축제〉에서 두 개의 시나리오가 글 쓰는 동안 번갈아 작동한다는 사실을 우리에게 보여준다. "연필이 저절로 종이 위에 글을 써나가고 있었고 나는 그 흐름을 따라잡느라 애를 먹었다. (중략) 나는 다시 글쓰기로 돌아가서 온전히 몰입했다. 이제 글은 스스로 나아가지 않았고, 내가 글을 쓰고 있었다." 이 글의 내막을 살펴보자. 헤밍웨이는 비 오는 날 파리의 한 카페에 앉아 자기 고향인 미시간을 배경으로 글을 쓰고 있었다. 날씨와 풍경이 그에게 영감을 불어넣어 주었고 글은 술술 흘러나왔다. 영감의 도움을 받아 글을 쓰고 있는데 아름다운 여인이 카페에 들어왔다. 헤밍웨이는 그녀에게 주의를 빼앗겼다. 글을 쓰다가도 연필을 깎다가도 여인을 흘끔흘끔 쳐다본다. 헤밍웨이는 주의가 흐트러지자 첫 번째 시나리오 대신 두 번째 시나리오를 꺼내 집중력을 발휘하기 시작했다. 그리고 한 편의 글을 무사히 끝마쳤다.

영감은 아무 때나 찾아오지도 않지만 찾아오더라도 순식간에 사라진다. 조금만 주의가 흐트러져도 영감은 멀찌감치 물러난다. 영감을 최대한 오래 잡고 있으려면 한눈팔지 말고 영감이 사라지기 전에 쉬지 말고 글을 써야 한다. 하지만 처음부터 끝까지 영감만으로 글을 쓸 수는 없다. 그런 일을 기대해서도 안 된다. 중요한 것은 점화를 일으킬 정도의 영감이다. 헤밍웨이가 글을 시작할 때 찾아온 영감처럼 말이다. 그렇게 하려면 어느 정도 틀이 정해져 있어야 한다. 어부는 포인트를 정해놓고 어망을 던진다. 넓은 바다의 물고기를 모두 잡겠다는 생각은 한 마리도 잡지 않겠다는 것과 같다. 원숭이가 타자기로 한 편의 소네트를 완성하기를 기다리는 것과 같다.

날뛰는 야생말을 경주하는 말로 길들이려면 당근만으로는 안 된다. 채찍도 들어야 한다. 또한, 경주 말은 눈가리개도 해야 한다. 앞만 보고 달려야 목표에 도달하기 쉽다. 옆이나 주변에 시선이 쏠리면 달리는 일에만 주의를 쏟기 힘들다. 경주 말에게 채찍과 눈가리개는 제약이다. 이렇게 제약을 두는 이유는 최대한 빨리 결승선에 도달하기 위해서다. 글쓰기도 마찬가지다. 제약이 있어야 한다. 제약을 두는 이유는 최대한 빨리 쓸 만한 영감이 찾아오도록 하기 위함이다. 아무런 제약 없이 쓸모 있는 영감은 찾아오지 않는다. 영감이라 해도 모두 쓸모 있는 것은 아니다. 내가 하는 일과 관련이 없는 영감이라면 아무리 훌륭해도 소용이 없다. 또한, 제약 없이 찾아오는 영감은 불명확하고 어설프다. 이러한 영감으로는 나만의 독특한 이야기를 쓰기 어렵다.

생산적인 영감을 불러일으키려면 명확한 제약이 있어야 한다.

얼마나 제약을 잘 두느냐에 따라 좋은 글과 좋지 못한 글이 결정된다. 이런 글도 쓰고 싶고, 저런 글도 쓰고 싶고, 이런 인물도 등장시켜야 하고, 저런 인물도 등장시켜야 한다면 쓸 만한 영감은 찾아오지 않는다. 욕심은 영감의 적이다. 그런 의미에서 〈캐치-22〉를 쓴 조지프 헬러의 말은 귀담아들을 필요가 있다. "통제된 몽상, 방향이 정해진 공상에 빠져 있을 때 아이디어들이 저를 찾아옵니다. 광고 문구는 제약이 따르는 탓에 상상력을 자극합니다. 완전한 자유가 주어지면 작품이 제멋대로 널브러질 가능성이 크지요."

막연하고 두루뭉술한 생각 역시 영감의 적이다. 어떤 글을 쓰려고 하는지 불명확한 상태에서 책상에 아무리 오래 앉아 있어 봐야 영감은 찾아오지 않는다. 글 쓰는 데 필요한 점화를 일으키려면 글의 방향을 명확하게 정해놓고 있어야 한다. 글의 방향을 정해 놓았다면 다짜고짜 책상에 앉지 말고 싹이 날 때까지 기다려야 한다. 이때는 다른 엉뚱한 생각을 하면서 시간을 보내서는 안 된다. 내가 쓸 글에 집중하고 있어야 한다. 그러다 보면 어느 순간 싹의 조짐이 보이고 점화가 일어난다. 이제야 비로소 책상에 앉을 시간이다.

안정효 작가는 새로운 작품을 준비할 때 필요한 자료가 모이면 바로 글을 쓰지 않고 낚시를 떠난다. 그는 글을 쓰지 않고 낚시를 떠나는 이유를 "물가에 나가 앉아 휴식을 취하는 동안 가장 생산적인 일을 하기 때문이다."라고 했다. 그는 낚시하면서 써야 할 글에 대해 구상한다. 아주 작은 영감이 찾아오면 그제야 낚시를 접고 돌아와 책상 앞에 앉는다.

영감이 불씨를 살렸다면 다음으로 할 일은 목적지까지 무사히 도착하는 일이다. 이를 유도하는 일은 두 번째 시나리오가 맡는다. 영감은 언제 사라져도 이상하지 않기 때문에 집중력을 발휘해야 한다. 헤밍웨이가 영감이 사라진 후 집중력을 발휘해 한 편의 글을 끝낸 것처럼 말이다. 집중해야 하는 또 다른 이유는 영감이 날뛰도록 내버려 두면 글의 방향이 잘못된 곳으로 흐를 수 있기 때문이다. 영감이 달아나는 것보다 더 무서운 일은 엉뚱한 곳에서 싹을 틔우는 일이다. 간혹 어떤 작가들은 생각이 너무 많고 깊어 일반 사람이 알기 어려운 글을 마구 토해낸다. 무슨 말을 하려고 하는지 이해하기 어려운 글은 독자가 원하는 글이 아니다. 집중력을 발휘해 가던 길에서 벗어나지 않도록 해야 한다.

창조적 사고는 두 개의 시나리오가 나란히 서서 걸으며 만들어 내는 일이 아니다. 서로 번갈아 가며 주도권을 쥐어야 제대로 돌아 간다. 두 번째 시나리오로 명확한 목표를 세웠다면 한발 물러서서 첫 번째 시나리오의 등장을 기다려야 한다. 첫 번째 시나리오가 나타나 점화를 일으켰다면 불꽃을 꺼트리지 말고 최대한 오래 사용해야 한다. 첫 번째 시나리오의 역할이 마무리되었다면 다시 두 번째 시나리오를 활용해 일을 끝내야 한다. 이때 두 번째 시나리오의 등장이 중요한데 그 이유는 많은 사람이 두 번째 시나리오를 제대로 쓰지 못하고 포기하기 때문이다. 영감이 마르면 더는 글을 쓰지 못하는 사람이 많다. 그래서는 안 된다. 영감은 언제 찾아올지 모르는 불투명한 존재다. 또 어떤 사람은 찾아온 영감을 제대로 활용하지 못한다. 딴 곳에 한눈을 팔거나 하면 영감은 금방 사라진다. 헤밍웨이처럼 노련한 작가라면 잠깐의 영감으로도 집중력을 발휘해 글을 완성하지만 그렇지 않다면 글을 완성하기 어렵다. 두 번째 시나리오를 꺼내 쓰는 일이 중요하다. 평소 두 번째 시나리오를 잘 단련해 놓아야 한다. 그러려면 매일 꾸준히 글 쓰는 훈련을 해야 한다.

이 과정을 얼마나 잘 되풀이하느냐는 내 글이 얼마나 좋은 글이 되느냐와 깊은 관련이 있다. 두 개의 시나리오를 잘 활용하는 사람은 당연히 좋을 글을 쓴다. 독창적인 글은 아주 작은 영감과 아주 많은 땀으로 이루어진다. 이 불변의 진리를 잘 따르고 가는 사람만이 멋진 글을 쓸 수 있고, 훌륭한 작가로 남을 수 있다. 이 사실을 꼭 기억하기 바란다.

참고도서

〈일하는 뇌〉, 데이비드 록, 랜덤하우스, 2010.
〈커넥톰 뇌의 지도〉, 승현준, 김영사, 2014.
〈시냅스와 자아〉, 조지프 루드, 동녘사이언스, 2011.
〈창의성〉, 엘코논 골드버그, 시그마북스, 2019.
〈사회적 뇌 인류성공의 비밀〉, 매튜 D. 리버먼, 시공사, 2015.
〈기적을 부르는 뇌〉, 노먼 도이지, 지호, 2018.
〈그것은 뇌다〉, 다니엘 G. 에이멘, 브레인월드, 2012.
〈꿈을 이룬 사람들의 뇌〉, 조 디스펜자, 한언, 2017.
〈내 안의 CEO, 전두엽〉, 엘코논 골드버그, 시그마프레스, 2010.
〈파워풀 워킹메모리〉, 트레이시 엘러웨이 외, 문학동네, 2014.
〈두뇌 안티에이징〉, 산드라 본드 채프먼 외, 대성korea.com, 2013.
〈브레인 바이블〉, 존 아덴, 시그마북스, 2015.
〈뇌는 어떻게 결정하는가〉, 조나 레러, 21세기북스, 2016.
〈뇌를 읽다〉, 프레데리케 파브리티우스 외, 빈티지하우스, 2018.
〈뷰티풀 브레인〉, 다니엘 G. 에이멘, 판미동, 2017.
〈뇌 이야기〉, 딘 버넷, 미래의창, 2018.
〈운동화 신은 뇌〉, 존 레이티, 녹색지팡이, 2009.
〈기억은 미래를 향한다〉, 한나 모니어 외, 문예출판사, 2017.
〈브레인 어드밴티지〉, 매들린 L 반 헤케 외, 다산초당, 2010.
〈라마찬드란 박사의 두뇌 실험실〉, 빌라야누르 라마찬드란, 바다출판사, 2017.
〈인간적인 너무나 인간적인 뇌〉, 리처드 레스택, 휴머니스트, 2015.
〈뇌의식의 탄생〉, 스타니슬라스 데하네, 한언, 2017.
〈의식의 비밀〉, 사이언티픽 아메리칸 편집부, 한림, 2017.
〈착각의 과학〉, 프리트헬름 슈바르츠, 북스넛, 2011.
〈아인슈타인 삶과 우주〉, 월터 아이작슨, 까치, 2020.
〈스티브 잡스〉, 월터 아이작슨, 민음사, 2020.
〈레오나르도 다빈치〉, 월터 아이작슨, 아르테, 2019.
〈장미의 이름 작가노트〉, 움베르토 에코, 2013.
〈작가란 무엇인가〉, 파리 리뷰, 다른, 2019.
〈헤밍웨이의 글쓰기〉, 어니스트 헤밍웨이, 스마트비즈니스, 2009.
〈글쓰기 만보〉, 안정효, 모멘토, 2012.
〈생각에 관한 생각〉, 대니얼 카너먼, 김영사, 2020.
〈헤밍웨이의 작가수업〉, 아널드 새뮤얼슨, 문학동네, 2015.
〈작가라서〉, 파리 리뷰, 다른, 2019.
〈직업으로서의 소설가〉, 무라카미 하루키, 현대문학, 2016.
〈인듀어〉, 알렉스 허치슨, 다산북스, 2018.
〈유혹하는 글쓰기〉, 스티븐 킹, 김영사, 2020.
〈파리는 날마다 축제〉, 어니스트 헤밍웨이, 이숲, 2015.
〈서양문명의 역사〉, E.M. 번즈 외, 소나무, 2011.